KB007968

푸르고 관능적인

지중해 인문여행

유럽·북아프리카 역사와 예술의 현장

글·사진 **진우석**

고맙게도 하늘은 맑아서 짙푸른 지중해를 고스란히 보여줬다.

내가 만나야 할 튀니지안블루, 모로코의 마조렐블루 등이

퐁퐁 샘솟는 푸른빛은 황홀했다.

제르바 섬이 가까워져 오자 저물 무렵의 바다 저편으로 오묘한 빛이 번졌다.

곱고 아련했다. 잠시 저게 뭔가를 곰곰이 생각하다가 무릎을 쳤다.

'그래, 저건 대륙이 바뀌는 신호다. 여긴 아프리카 대륙이다.'

— 본문 중에서

마인드큐브 책은 지은이와 만든이와 읽는이가 함께 이루는 정신의 공간입니다.

차례

작가의 말   지중해 여행, 대륙을 건너는 즐거움 006
프롤로그   왜 지중해인가? 012
에필로그   메스키타 담벼락에서 띄우는 편지 288
          함께 읽으면 좋을 책과 영화 소개 291

1 스코틀랜드

에든버러 016

2 영국

레이크 디스트릭트 033
하워스 044

3 프랑스

파리 054
오베르 쉬르 우아즈 067

4 이탈리아(1) 토스카나와 로마

피사 075
피렌체 083
로마 101

5 이탈리아(2) 시칠리아

팔레르모 115
체팔루 128
아그리젠토 136
타오르미나 142
시라쿠사 150

6 튀니지

제르바 157
타타윈과 마트마타 166
카이로우안 180
수스와 엘젬 188
튀니스 193

7 모로코

마라케시 205
하실라비드 216
페스 227

8 스페인

세비야 233
론다 249
알푸자라 마을 260
그라나다 268
코르도바 278

지중해 한 바퀴,
대륙을 건너는 즐거움

왜 지중해에 꽂혔을까? 2019년 1월 우연히 모 항공사의 유럽 특가 항공권을 지르면서 여행이 시작됐다. 여행은 여행을 부르는 법인가 보다. 별생각 없이 시작한 유럽 여행이 북아프리카까지 포함하는 지중해 여행으로 커졌다.

특가 항공권은 런던 IN 로마 OUT이었다. 흥얼흥얼 콧노래를 부르며 여행 코스를 짰다. 그럭저럭 런던~파리~마드리드~로마 코스를 잡았다. 그런데 출발 날짜를 며칠 앞두고 갑자기 시칠리아가 껴들었다. 자료를 찾다가 시칠리아에 홀딱 반한 것이다. "시칠리아를 보지 않고서 이탈리아를 말하지 마라"란 괴테의 말은 꼭 나를 두고 한 이야기 같았다. 기꺼이 금전적 손해를 감수하며 버스와 기차 예약을 취소했다.

그렇게 떠난 시칠리아에서 지중해의 자연과 역사에 푹 빠졌다. 봄철 유럽 여행을 끝내고, 가을에는 스페인과 북아프리카를 다녀와 지중해 서쪽 여행을 마무리했다. 그리고 지중해 동쪽 여행을 앞두고 코로나로 발길이 묶였다.

지중해 여행을 꿈꾸는 분들을 위해 이 책의 여행 코스를 정리하면 다음과 같다. 여행의 출발점은 로마제국 전성기의 가장 북쪽의 경계인 하드리아누스 성벽(Hadrian's Wall)으로 정했다. 자료를 찾아보다가 로마제국의 영토가 여기까지 미쳤다는 사실에 충격을 받았다. 성벽은 영국, 그레이트 브리튼(Great Britain) 섬의 중앙부에 자리한다. 지중해와는 좀 거리가 있지만, 거기서부터 남쪽으로 내려와 지중해를 만나기로 했다.

그런데 출발점을 하드리아누스 성벽으로 정하니 그 북쪽이 궁금해졌다. 로마제국의 영향이 미치지 않았던 지역은 문명이 발달하지 못했을까? 지금의 모습은 어떨까? 이런 궁금증은 출발점을 하드리아누스 성벽 북쪽의 에든버러로 옮기도록 만들었다.

에든버러에서 여행을 시작하길 잘했다. 에든버러는 조앤 롤링이 동화 같은 에든버러성을 바라보며 해리포터 시리즈를 완성했던 도시다. 에든버러를 여행하면, 조앤 롤링처럼 누구나 가지고 있는 나만의 이야기가 술술 쓰일 것 같았다. 에든버러에서 내려와 하드리아누스 성벽을 둘러봤다. 거대한 초원에 길고 긴 성벽이 신기루처럼 흐르고 있었다.

성벽을 보고 내려와 레이크 디스트릭트(Lake District)와 하워스의 평화로운 구릉을 걸었다. 레이크 디스트릭트는 가장 영국적인 시골 풍경이 펼쳐진다는 곳으로, 영국인들이 사랑하는 국립공원이다. 평화로운 호수와 구릉의 땅에 많은 예술가들이 머물렀다. 그 중 널리 알려진 사람이 워즈워스다. 그가 산책하던 호수를 걸으면서 워즈워스의 흔적을 찾아봤다. 그리고 하워스는 에밀리 브론테의 소설 〈폭풍의 언덕〉의 현장이다. 소설의 현장에서 에밀리 브론테가 느꼈을 적막함을 체험할 수 있었다.

영국을 떠나 프랑스 파리로 갔다. 본격적으로 지중해에 발을 담그려면 마르세유가 제격이지만, 파리로 결정했다. 헤밍웨이의 〈파리는 날마다 축제〉를 읽고, 우디 앨런 감독의 〈미드나잇 인 파리〉를 봤기에 안 갈 수가 없었다. 덕분에 헤밍웨이와 우디 앨런을 가이드 삼아 어두워지는 파리의 골목길을 황홀하게 걸었다.

파리에서 이탈리아 토스카나 지역으로 건너갔다. 중세시대 피사와 피렌체 등에서 화려하게 피어났던 르네상스 문화를 확인하기 위해서다. 신과 인간에 대한 인식이 예술로 승화된 작품들을 보면서 다리에 힘이 빠지는 '스탕달 증후군'을 유감없이 느꼈다. '영원한 도시' 로마를 거쳐 시칠리아로 내려갔다. 시칠리아는 지중해의 한가운데 자리한 덕분에 파란만장한 역사를 고스란히 감당해야 했던 도시. 카르타고, 그리스, 로마, 비잔틴 제국, 프랑스, 스페인 등 강대국들의 지배를 받다가 1861년 이탈리아의 통일과 더불어 비로소 이탈리아 영토로 편입됐다. 고대 그리스 유적이 그리스보다 많이 남아 있어 신기했지만, 영화 〈시네마 천국〉의 촬영지인 체팔루가 더욱 끌렸다.

그리고 대륙을 건너 북아프리카 옛 카르타고의 땅 튀니지로 갔다. 로마와 맞짱을 떴던 위대한 카르타고의 흔적과 영화 〈스타 워즈〉의 배경이 된 베르베르인의 땅을 둘러봤다. 튀니지 다음은 아프리카와 유럽의 문화가 뒤섞인 신비로운 모로코. 사하라사막과 아틀라스 산맥, 그리고 지중해를 품은 모로코는 특별한 경험이었다.

마지막으로 모로코에서 스페인 남부 안달루시아 지역으로 넘어갔다. 이 지역은 오랫동안 이슬람의 영토였기에 이슬람과 기독교 문명이 뒤섞여 있는 곳이다. 이질적 문명이 평화롭게 공존하는 모습은 사랑스럽고 매혹적이었다. 여행 코스를 국가로 정리하면, 영국-프랑스-이탈리아-튀니지-모로코-스페인 순이다. 영국을 제외하면 모두 지중해의 서쪽에 발을 담그는 나라들이다.

지중해 여행은 지중해를 접하는 3개 대륙 다양한 나라의 독특한 자연과 문화를 만날 수 있어 매력적이다. 지중해에는 까마득한 고대시대부터 근대시대까지 파란만장한 역사와 그 역사를 수놓은 사람들의 이야기가 담겨 있다. 마르지 않는 샘물처럼 샘솟는 이야기가 인문학이고, 그 이야기를 찾아가는 여행이 인문학적 여행이 아닐까. 그래서 이 책은 '지중해'라는 새로운 여행 코스 제안이기도 하다. 대개 유럽 여행이 이웃한 여러 나라를 넘나들지만, 지중해를 중심에 놓으면 아예 대륙을 건너다니게 된다. 얼마나 매력적인가.

지중해를 둘러보고 서양의 기원과 역사, 그리고 유럽과 북아프리카의 오늘날 모습이 어느 정도 이해됐다. '유럽도 별거 아니네!' 할 정도는 아니지만, 까닭 모를 환상과 편견은 사라졌다. 이러한 인식의 변화도 지중해 여행의 선물이 아닐까 싶다.

여행은 결국 자신과의 만남이다. 낮에 여행지를 돌아다닌다면, 밤에는 자신과 대면하게 된다. 낮이 문화적 충격의 연속이라면, 밤은 고요한 사색의 시간이다. 여행에서 가장 기억에 남는 건, 밤의 시간이었다. 유럽과 북아프리카는 한국과 약 12시간의 시차가 있다. 그곳 그 시각의 밤은 나를 찾는 사람도 없고, 내가 찾을 사람도 없는 시간이었다. 오롯이 나 혼자인 시간이 말할 수 없이 편했다. 홀로 와인을 홀짝이고, 일기를 쓰고, 여행을 정리하는 시간이 여행만큼이나 행복했다.

여행만큼 상상력을 자극하는 일도 드물다. 독자 여러분도 자기만의 여행 코스를 짜고 곰곰이 연구해 코스를 수정하고, 길에서 행복했으면 좋겠다. 코로나가 빨리 끝나 다시 여행의 시대가 오기를 간절히 기원한다.

— 북한산 바라보는 정릉동에서

진 우 석

왜 지중해인가?

로마의 '내해'가 된 지중해(서기 117년). 전성기 로마제국의 영토는 지중해를 완벽하게 감쌌다.

지중해는 유럽, 아시아, 아프리카 대륙의 가운데 있는 바다다. 세 대륙이 바다를 둘러싸고 있어 지중해(地中海)란 이름이 붙었다. 지중해에 접한 나라들은 바다에 발을 담그고 서로 마주 보고 있다. 눈앞의 바다를 건너가면 닿을 수 있는 땅이 있다는 사실이, 그 바다를 건너보고 싶게 만든다.

'문명은 동쪽으로부터'라는 말은 지중해 역사에서도 확인된다. 기원전 약 1100년부터 지금의 레바논 지역에 살던 페니키아인들이 배를 타고 지중해를 건너 북아프리카와 스페인 남부에 식민 도시를 세웠다. 그중 가장 번성했던 도시국가가 튀니지의 수도 튀니스에 있었던 카르타고다.

기원전 약 700년에서 500년에 걸친 시기에는 그리스 도시국가들이 지중해를 누비고 다녔다. 그들은 동쪽 흑해에서부터 이탈리아와 프랑스 남부, 스페인 해변까지 방대한 영역에 식민도시를 건설했다. 이를 마그나 그라에키아(Magna Graecia, 위대한 그리스)라고 부른다.

당시 지중해 서쪽은 카르타고, 동쪽은 그리스 도시국가들이 지배했다. 두 세력은 지중해 한가운데 있던 시칠리아서 부딪친다. 시나브로 그리스가 쇠퇴하고, 기원전 257년 로마가 이탈리아 반도를 통일한다. 로마는 지중해의 패권을 놓고 시칠리아 섬에서 카르타고와 싸운다. 이것이 기원전 264년에서 146년까지 벌어진 포에니전쟁이다. 총 3회에 걸친 전쟁에서 승리한 로마는 지중해의 유일한 강대국으로 떠올랐고, 카르타고는 장렬하게 멸망했다.

포에니전쟁을 계기로 로마는 제국으로 발전할 수 있었다. 2차 세계대전 이후 미국이 세계 최고의 강대국으로 발전한 것과 마찬가지다. 전성기의 로마제국은 지중해와 접한 세 대륙을 모두 지배하고, 지중해를 '내해(內海)', '로마의 바다'로 만들었다. 당시 지도를 보면, 로마의 영토는 완벽하게 지중해를 둘러싸고 있다. 〈로마인 이야기〉의 저자 시오노 나나미는 이를 '어이없다'라고 표현했는데, 그보다 더 적합한 말이 있을까 싶다.

문명은 발전하면 쇠퇴하기 마련이다. 476년 서로마제국은 멸망했다. 서유럽 로마제국이 무너진 후, 수많은 왕국이 난립한 중세시대가 시작된다. 로마를 무너뜨린 게르만족은 로마 문명을 이어받을 능력이 없었다. 로마 문명 밖 변방의 야만족(로마 문명과 비교했을 때 수준 높은 문명을 이룩하지 못했다는 의미)이었기 때문이다. 이것이 중세의 비극이다. 중세는 사회 통합 이념으로 기독교를 받아들인 야만족의 문명화 과정이라 할 수 있다. 그래서 서양 문명의 기저에는 그리스·로마 문화와 기독교가 깔려 있다. 야만족의 문명화 과정은 중세를 지나 근대까지 이어졌다고 해도 과언이 아니다. 유럽 제국주의 국가들의 아메리카, 아시아, 아프리카 식민지 지배와 그 결과 벌어진 두 차례의 세계대전의 비극이 이를 증명한다.

SCOTLAND

1
스코틀랜드

에든버러
조앤 롤링처럼

스키폴 공항 시계

런던행 비행기는 네덜란드 암스테르담 스키폴 공항에서 갈아탄
다. 노곤한 몸을 이끌고 스키폴 공항 대합실에서 털썩 주저앉았다.
그런데 사람들이 너도나도 천장을 보며 지그시 웃고 있었다. 반사
적으로 그곳을 쳐다보고서 나도 빙그레 웃었다.

웃음의 진원지는 커다란 시계다. 시계 안에는 한 노동자가 들
어가 있었다. 그는 시계의 분침을 그리고 지우기를 반복했다. 분
침을 그렸다가 지우는 시간이 정확하게 1분이다. 노동자는 힘든
지 중간중간 땀을 닦았다. 아날로그적 감성이 잘 우러나는 작품
이었다. 시계 덕분에 피로가 스르르 풀리는 느낌이었다.

스키폴 공항에서 비행기를 갈아타고 에든버러로 날았다. 소음
이 심한 프로펠러 비행기라, 마치 네팔 카트만두에서 쿰부히말
라야의 루클라로 가는 비행기에 오른 느낌이었다. 창밖으로 히
말라야 설산 대신 드넓은 영국의 초지가 펼쳐졌다. 푸른 초원이
가득한 땅은 우리나라 제주도를 떠올리게 했다.

에든버러 공항은 워킹 입장이다. 비행기가 멈추면 승객이 걸
어서 공항 안으로 들어가는 시스템이다. 동남아 시골 공항에서
쓰는 방법을 스코틀랜드의 유명 도시에서 접하니, 신기하고 정
겨웠다. 공항을 나오자 날씨는 쨍하고 거리는 젊은이들로 북적
거렸다. 뭔가 밝고 환한 느낌이 확 몰려왔다. 여행의 피로가 싹
사라지고, 갑자기 기분이 날아갈 것이 좋아졌다.

공항과 시내를 연결하는 이층버스에 올라 윗층의 가장 앞좌석

에든버러 공항

에 앉았다. 유리창으로 펼쳐지는 풍경을 바라보면서 에든버러의
매력에 흠뻑 빠져들었다. 거리에는 벽돌로 지은 오래된 전통 건
물들이 즐비했다. 건물의 색은 다소 칙칙하지만, 그 칙칙함이 오
히려 이 도시의 유구한 역사와 정체성을 고스란히 보여주고 있
었다.

　버스 종점인 에든버러 웨이벌리(Waverley) 기차역에서 내렸다.
날이 좋아 그런지 스코트 기념탑(Scott Monument) 앞의 너른 잔디
밭에는 사람들이 너도나도 편안하게 누워 있었다. 여긴 도시가
도시 같지 않았다. 〈보물섬〉의 저자 스티븐슨이 "도시 속의 모든
존재가 이중적이다. 도시의 반은 수도 반은 시골이며, 반은 살아

스코트 기념탑

있고 반은 대리석 기념물이다"라고 한 말에 고개가 끄덕여졌다. 근처에서 백파이프 소리가 들렸다. 그래, 여긴 스코틀랜드다!

검은 대리석을 고딕 양식으로 쌓아 올린 스코트 기념탑은 화려하게 치장한 우주 발사체처럼 보였다. 이 탑에는 스코틀랜드 사람들의 긍지가 담겨 있다. 61미터 높이로, 영국에서 제일 높은 트라팔가 광장의 넬슨 탑보다 5미터 더 높이 올렸다고 한다.

에든버러 출신의 월터 스코트(1771~1832)는 일찍이 잉글랜드와 스코틀랜드 국경 지방의 민요와 전설을 수집한 시인이자 소설가로, '웨이벌리 작가'란 필명으로 많은 작품을 발표했다. 이방인에게 낯선 '웨이벌리'란 기차역 이름이 여기에서 나왔다. 스코트 기념탑 주변으로 뾰족하게 솟은 건물들이 많고, 멀리 높은 바위에는 에든버러성이 우뚝 솟아 있다. 마치 마법사 이야기가 펼쳐지는 동화 속에 들어온 듯했다. 이 풍경을 배경으로 조앤 롤링은 해리포터 시리즈를 썼다.

에든버러 시내에 있는 '엘리펀트 하우스' 카페 입구에는 'Birthplace of Harry Potter'라고 쓰여 있다. 조앤 롤링은 포르투갈 포르투에서 영어 교사로 일하다가 그곳에서 만난 남자와 결혼해 아이를 낳고 살았다고 한다. 그러다가 남편과 헤어지고 아이를 데리고 동생이 살았던 에든버러로 이사했다. 조앤은 훗날 이때가 가장 힘들었던 시기였다고 털어놓았다.

조앤은 예전에 기차가 연착할 때 무료한 시간을 달래기 위해 상상한 이야기, 즉 '자신이 마법사라는 사실을 알지 못하다가 우

연히 마법사 학교에 가게 된 소년의 이야기'를 본격적으로 쓰기 시작했다. 바로 그 유명한 해리포터 시리즈다.

이른 시간이라 카페에는 손님이 뜸했다. 화장실 입구의 벽에는 카페에서 찍은 조앤의 사진이 붙어 있었다. 조앤 롤링이 자주 앉았다는 자리에 앉았다. 창밖으로 나타난 에든버러성은 마법의 성처럼 신비롭게 보였다. 여기서 조앤 롤링은 허기진 배를 채우

엘리펀트 하우스 안의 창문에서 바라본 에든버러 성. 조앤 롤링은 성을 바라보면서 해리포터 시리즈를 썼다.

커크야드 공원묘지

며 소설을 써내려갔다. 에든버러의 이국적이고 동화적인 풍경이 조앤의 상상력에 날개를 달아줬다.

　엘리펀트 하우스에서 멀지 않은 곳에 그레이프라이어스 커크 야드(Greyfriars Kirkyard)라는 공원묘지가 있다. 충견 보비(Bobby)의 무덤과 에든버러가 낳은 세계적 경제학자 애덤 스미스(Adam Smith, 1729~1790) 등의 무덤이 있는데, 이곳도 해리포터의 성지다. 조앤 롤링이 묘지를 종종 산책했고, 곳곳의 묘비명에서 소설의 등장인물 이름을 따왔다고 한다. 공원묘지에 들어서니 보비의 무덤이 가장 먼저 보인다. 보비는 떠돌이 개로 야경꾼(night watchman) 존 그레이(John Gray)를 따라 함께 에든버러의 밤을 순찰했다. 1858년 2월 그레이는 폐렴을 앓다가 숨져 그레이프라이어스 교회 묘지에 묻혔다. 단짝을 잃은 보비는 그날부터 그레이의 무덤 곁을 한사코 지켰다고 한다.

　보비 무덤 반대편 벽에는 애덤 스미스의 묘비가 있다. 공원 안쪽으로 들어가면 볼드모트, 맥고나걸, 무디 등 해리포터에 등장하는 주요 인물의 모티브가 된 묘비들을 만날 수 있다. 아울러 시내의 빅토리아 스트리트는 소설 속 마법 용품을 쇼핑하던 다이애건 앨리의 무대이고, 에든버러의 상징 중 하나인 거대한 시계탑이 있는 발모랄 호텔은 조앤이 해리포터 시리즈의 마지막을 쓴 곳이다. 이처럼 에든버러 곳곳에는 조앤 롤링과 해리포터의 이야기가 담겨 있다.

고스의 짙은 노란꽃이 만개한 아서스 시트

에든버러는 바다 가까운 언덕에 자리했다. 도시에는 화산이 남긴 7개의 힐이 있다고 한다. 힐은 높은 산이 아니라 부드러운 구릉지대를 말하는데, 제주 오름과 생김과 분위기가 비슷하다. 대부분 초원이고, 바람이 미친 듯이 분다. 유명한 아서스 시트

(Arthur's seat)와 칼튼 힐(Calton Hill)을 찾았다.

아서스 시트는 생김새가 성산일출봉과 비슷하고 부드러운 품에는 덤불나무 고스(gorse)의 짙은 노란 꽃이 만개했다. 코코넛 바닐라향이 콧구멍으로 들락날락한다. 조금 오르다 뒤를 돌아보고 화들짝 놀랐다. 스코틀랜드 홀리루드하우스 궁전(Palace of Holyroodhouse) 옆으로 광대한 잔디밭이 펼쳐져 있었다. 예전에는 잔디밭과 아서스 시트가 궁중 사냥터였다고 한다.

제주 오름을 즐기듯 발길 닿는 대로 걸었다. 정상에 서자 바다와 에든버러 시내가 거침없이 펼쳐졌다. 에든버러 시민과 관광객들이 머리칼을 날리면서 바다를 바라보는 모습이 멋져 보였다.

아서스 시트를 내려와 잔디밭을 찾았다. 잔디는 양탄자처럼 푹신했다. 우리가 아는 잔디와 차원이 달랐다. 잔디에서 공놀이하는 가족, 누워서 책을 보는 아가씨, 도란도란 이야기 나누는 사람들, 심지어 불을 피우고 고기를 굽는 사람도 있었다. 사람들이 자유롭게 잔디밭을 이용하는 모습이 보기 좋았다. 좋았다기보다, 부러웠다.

잔디밭을 지나 기차 굴다리를 지나면, 칼튼 힐에 올라선다. 칼튼 힐은 도심 조망이 좋고, 에든버러 노을 명소로 유명하다. 오후 여섯시쯤 되자 많은 젊은이들이 맥주를 마시며 해가 지는 방향을 바라보고 있었다. 정상에 그리스 파르테논 신전과 비슷한, '짝

홀리루드하우스 궁전 옆의 거대한 잔디밭

퉁 파르테논 신전'이 있다. 1826년에 세워진 스코틀랜드 국가기념물(The National Monument of Scotland)로, 나폴레옹 전쟁 기간에 전사한 스코틀랜드 군인들을 기리기 위해 만들어졌다.

에든버러는 흔히 '북쪽의 아테네'라 불린다. 18세기 스코틀랜드에 계몽주의가 만개하면서 에든버러가 학문과 문화의 중심지로 자

칼튼 힐의 파르테논 신전을 닮은 국가기념물

리잡았기 때문이다. 이때 활동했던 사상가들이 애덤 스미스, 데이비드 흄(David Hume, 1711~1776), 프랜시스 허치슨(Francis Hutcheson, 1694~1746) 등이다. 파르테논 신전을 닮은 국가기념물도 '북쪽의 아테네'란 별칭에 일조했다. 건물 자체로 아테네가 떠오르기 때문이다. 저무는 빛을 받는 기념물은 진짜 파르테논 신전이 부럽지 않을 만

파노라마 기법이 유래한 칼튼 힐의 조망

칼든 힐에서 바라본 에든버러성

스카치위스키 익스피리언스의 바에서 맛본 싱글몰트 위스키

스코틀랜드

큼 눈부시게 빛났다.

칼튼 힐에서 가장 인기 좋은 자리는 철학자 두갈드 스튜어트 기념비(Dugald Stewart Monument) 앞이다. 에든버러성과 고풍스러운 도심이 그림처럼 펼쳐졌다. 우리가 잘 아는 파노라마 기법이 칼튼 힐에서 유래됐다고 한다. 1787년 스코틀랜드인 로버트 바커(Robert Barker)가 칼튼 힐에서 내려다보이는 에든버러 풍경을 '한 폭에 담을 방법이 없을까' 생각하다 파노라마 촬영 기법을 발명해 특허를 냈다고 한다. 기념비 앞에서 에든버러를 가만히 바라보고 있으면, 자꾸 고개를 돌려가면서 풍경을 바라보게 된다. 그가 왜 파노라마 기법을 만들게 되었는지 이해가 됐다. 관광객들은 사진 찍기에 바쁘고, 현지인은 느긋하게 맥주를 마시며 풍경을 즐긴다. 미리 준비해간 맥주 캔을 통쾌하게 땄다. 홀짝 맥주를 들이키며 사라지는 노을과 도심의 야경을 오랫동안 감상했다.

에든버러는 스코틀랜드가 자랑하는 '싱글몰트 위스키(Single Malt Whisky)'의 생산지다. 거장 켄 로치 감독의 〈앤젤스 셰어〉(The Angels' Share, 2012)를 재밌게 본 터라 더욱 스코틀랜드 위스키를 맛보고 싶었다. 에든버러성 가까이에 스카치위스키 익스피리언스(The Scotch Whisky Experience) 건물이 자리한다. 여기서 스카치위스키가 만들어지는 과정을 체험해볼 수 있다. 위스키 바, 기념품 가게 등을 둘러보는 재미도 쏠쏠하다.

위스키 투어는 생략하고, 분위기 좋은 바에 들어가 싱글몰트 위스키 한 잔을 주문했다. 100% 맥아를 증류한 위스키를 '몰트 위스키'라 하고, 그중에서도 한 증류소에서만 나온 몰트 위스키를 '싱글몰트 위스키(Single Malt Whisky)'라고 부른다. 뜨겁고 독한 걸 꿀꺽 삼키자, 깊은 향과 열이 후끈 올라왔다. 독했지만 생각보다 맛이 괜찮다. 기념품 가게에서 선물용 작은 병에 든 싱글몰트 위스키 세트를 여러 번 들었다 놨다. 앞으로 여행 일정이 창창해 눈물을 머금고 포기했다.

에든버러 시내를 구경한 뒤, 미리 봐둔 웨이벌리역 앞의 워더스푼 펍으로 갔다. 펍(Pub)은 영국 일대에서 발달한 술집으로 'Public House'의 약자다. 펍은 식사가 가능하기에 어른뿐 아니라 학생, 아이들도 심심치 않게 볼 수 있다. 영국에는 개성적 펍이 많아 펍 투어가 인기 관광 코스다.

에든버러에서 꼭 펍에 가야지 했는데 우연히 만났다. 에든버러 기차역 입구에 '부킹 오피스'라고 쓰여 있어 예약 센터인 줄 알고 문 열었더니 신세계가 펼쳐졌다. 알고보니 현지인들에게 인기 좋은 펍이었다. 펍 이름은 워더스푼(wetherspoon)으로 영국의 대표적 체인 펍이다. 여기서 피시 앤 칩스(fish and chips) 안주에 맥주를 마셨다. 시원한 맥주를 홀짝홀짝하면서 창밖으로 저물어가는 에든버러성을 바라봤다. 다시 한번 조앤 롤링처럼 상상의 나래를 펼쳐보았다.

ENGLAND

2
영국

레이크 디스트릭트
워즈워스의 산책길

라이달호수

에든버러성과 눈 한번 맞추고 기차에 올랐다. 레이크 디스트릭트로 내려가는 길목인 칼라일(Carlisle)에 내렸다. 사방으로 길이 갈리는 칼라일은 교통의 요지다. 버스를 타고 하드리아누스 성벽을 찾았다. 광활하고 푸른 구릉지대를 성벽은 끝없이 흘러가고 있었다. 자료를 찾아보다가 성벽의 존재를 알게 됐지만, 어쩐지 성벽이 나를 부른 것 같았다.

하드리아누스 성벽은 스코틀랜드의 동해안에서 서해안까지 약 120킬로미터에 걸쳐 있다. 로마 하드리아누스 황제(재위 117~138)가 픽트족을 몰아내고 국경을 확실히 하기 위하여 쌓았다고 한다. 만약 역사 기록이 없다면, 외계인이 세웠다고 추측할 수도

레이크 디스트릭트로 가는 기차 안

있겠다. 성벽을 보면서 역사에 대해 생각해봤다. 역사란 어딘가에 반드시 남아 있는 굵은 선일까?

레이크 디스트릭트의 관문인 옥센눌룸(Oxenholme)역에서 두 칸의 오래된 기차로 갈아탔다. 차창 밖으로 펼쳐진 풍경에 눈이 휘둥그레졌다. 눈부신 구릉의 초원에서 양들이 평화롭게 풀을 뜯고 있었다. 레이크 디스트릭트의 영역에 들어선 것이다.

윈드미어역은 손바닥만 한 작은 역이다. 역 앞에 이층버스가 기다리고 있었다. 버스 2층에 타고 그라스미어(Grasmere)로 가면서 또 한 번 눈이 휘둥그레졌다. 맑은 햇살에 나타난 돌집들과 화사한 만병초, 푸른 하늘을 담고 있는 호수, 그리고 드넓은 초원이

이층버스에서 본 호수

눈부시게 빛났다.

레이크 디스트릭트는 영국의 국립공원 지역으로 '가장 영국적인 시골 풍경'이 펼쳐진다 하여 '영국 도보여행의 심장'으로 불린다. 크고 작은 호수가 많고 너른 구릉이 펼쳐진 모습이 아름다워, 작가들에게 창작의 원천이 됐다. 특히 시인 워즈워스는 학창 시절을 빼고는 평생을 이곳에 살면서 주옥같은 서정시들을 남겼다.

그라스미어는 주택 몇 채와 몇 개의 호텔과 식당만 있는 아담한 시골 마을이었다. 호젓한 이곳에 숙소를 정하길 잘했다. 그라스미어를 출발해 그라스미어 호수와 라이달 호수 둘레를 한 바퀴 돌아 원점회귀하는 길은 가히 워즈워스 둘레길이라 할 만하다. 워즈워스 무덤, 워즈워스가 살았던 라이달 마운트와 도브 코티즈 등을 모두 둘러보기 때문이다.

그라스미어 시내로 들어서자 워즈워스 수선화 가든이 눈에 띈다. 5월이라 수선화는 없었지만, 깔끔한 정원은 산책하기 좋았다. 호수가 보이는 지점에 선 시비(詩碑)에는 수선화 마지막 구절이 새겨져 있었다.

For oft, when on my couch I lie
In vacant or in pensive mood,
They flash upon that inward eye
Which is the bliss of solitude ;
And then my heart with pleasure fills,

그라스미어

수선화가든

워즈워스 묘비

and dances with the daffodils.

하염없이 있거나 시름에 잠겨
나 홀로 자리에 누워 있을 때
내 마음속에 그 모습 떠오르니,
이는 바로 고독의 축복이리라.
그럴 때면 내 마음은 기쁨에 가득 차
수선화와 더불어 춤을 춘다.
-이하윤 번역, '수선화' 중에서

진저브레드 가게

'고독의 축복'이란 구절이 특히 가슴에 남는다. 나도 지금은 고독의 축복을 즐기고 있지 않은가. 길은 자연스럽게 교회로 들어서고, 곧 워즈워스의 묘비를 만났다. 워즈워스의 묘비는 땅바닥에 누워 있는 소박한 돌비석이다. 여기에 워즈워스와 그의 아내, 그리고 평생을 함께 산 여동생 도로시가 함께 잠들어 있었다.

평생을 이곳에 산 워즈워스에게 레이크 디스트릭트의 풍요로운 자연은 그의 모든 것이라 해도 과언이 아니었다. 수선화 공원 옆에는 200년 넘는 역사를 간직한 '그라스미어 진저브레드(The Grasmere Gingerbread)' 상점이 있다. 진저브레드는 꼭 우리나라 시루떡처럼 생겼다. 진한 생강 맛이 일품이었다.

그라스미어 시내를 빠져나가는 도로를 따른다. 길은 호숫가로 이어졌다. 길섶에서 어렵지 않게 볼 수 있는 게 'Public Path' 안내판이다. 사유재산 보호가 잘 되어 있는 영국 땅이지만, 누구나 이용할 수 있는 산책로가 의외로 많고, 잘 관리되어 있었다. 특히 레이크 디스트릭트 지역에 이런 길이 많았다. 괜히 도보여행의 심장이라고 불리는 게 아니었다.

그라스미어 호수는 라이달 호수로 이어진다. 라이달 호수는 찾는 사람들이 제법 많았다. 특히 노부부가 손을 꼭 잡고 걷는 모습이 보기 좋았다. 라이달 호수를 따라 한 30분쯤 걸었을까. 라이달 마운트(Rydal Mount)라는 이정표가 나왔다. 라이달 마운트는 워즈워스가 1813년부터 타계할 때까지 37년을 살았던 집의 이름이다.

워즈워스는 도브 코티즈에서 살다가 결혼하고 아이들도 생겨나면서 넓은 라이달 마운트로 거처를 옮긴다. 여동생은 물론 처제까지도 함께 생활했다. 이곳은 박물관은 아니고 그의 고손녀가 소유하고 있는 일반 가정집이다. 지금은 입장료 받으며 박물관처럼 운영한다.

흰색 건물은 16세기의 골격을 그대로 유지해 고풍스러운 느낌이었다. 보라색 등나무꽃이 예쁘게 핀 건물 안으로 들어가면, 워즈워스가 글을 쓰던 서재와 소파, 동생인 도로시의 방, 딸인 도라의 방 등이 옛 그대로 남아 있었다. 나무 바닥은 세월을 고스란히 담고 있어 마치 1800년대로 시간여행하는 듯했다. 라이달 마운트에서 빼놓을 수 없는 게 훌륭한 정원이다. 워즈워스가 조경에 관심이 많았던 탓에 그가 직접 가꾼 정원을 볼 수 있었다. 정원은 단정하고 아기자기하게 꾸며져 있고, 화려한 만병초(rhododendron)가 가득했다.

라이달 마운트 위쪽으로 산책로가 이어진다. 산허리를 따르는 길로 호수 조망이 좋았다. 이 길은 끝 지점에 도브 코티지가 자리 잡고 있다. 워즈워스가 1799년부터 1808년까지 살았던 집으로, 지금은 워즈워스 박물관으로 사용된다. 원래는 펍이었던 건물이었는데 워즈워스는 여동생 도로시와 함께 이사 왔다. 이곳에서

워즈워스가 말년에 살았던 라이달 마운트의 서재

결혼하고 자녀도 다섯을 두었다. 가구 일부만 제외하고는 워즈워스 일가가 쓰던 그대로다. 박물관에는 원고와 유품 등을 전시하고 있는데 1층에는 응접실, 부부 침실, 부엌이 있다. 위층에는 서재가 있다. 1890년 영국 내셔널트러스트(National Trust)가 이 집을 구입해 관리한다. 다시 그라스미어로 돌아와 슈퍼에서 와인과 저녁거리를 사들고 숙소로 돌아왔다.

영국 여행에서 좋은 점 하나는 가성비 좋은 YHA 유스호스텔이 전국적으로 자리잡고 있다는 점이다. 그라스미어에서 머문 숙소는 YHA 그라스미어(YHA Grasmere Butharlyp Howe)다. 성 같은 건물을 리모델링해 만들었다. 덕분에 마치 옛 성의 주인처럼 하

워즈워스가 직접 가꾼 라이달 마운트의 정원

룻밤을 보낼 수 있었다. YHA의 존재는 영국 여행의 커다란 즐거움이었다.

다음 날은 페어필드 봉우리(Fairfield, 873미터)로 트레킹을 다녀왔다. 산속의 숨어 있는 신비로운 호수를 만났고, 마을 근처에서 오래된 돌담을 구경했다. 구불구불한 돌담길을 걸어오다가 무릎을 쳤다. 레이크 디스트릭트에서 가장 영국적인 시골 풍경이 펼쳐진다고 해서 그게 어떤 풍경인지 궁금했는데, 막상 대하니 제주의 오름과 흡사했다. 부드러운 구릉과 돌담이 매우 비슷했다. 영국에서 제주의 풍경을 발견하자 왠지 기분이 좋아졌다. 영국의 비밀을 나 혼자 알아챈 듯.

제주 오름을 닮은 영구의 시골 풍경. 구릉과 돌담이 매우 비슷하다.

하워스

에밀리 브론테의 고장

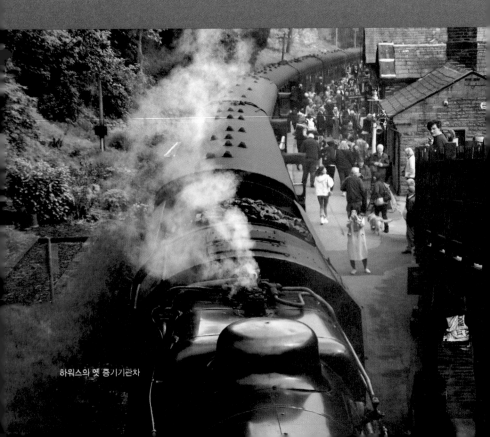

하워스의 옛 증기기관차

하워스는 에밀리 브론테의 소설 〈폭풍의 언덕〉의 현장이다. 윈드미어역에서 오전 6시 43분 기차를 타고 햅든 브리지역에 도착했다. 여기서 하워스로 가는 버스가 있는데, 이름이 브론테 버스다. 하워스는 브론테가 먹여 살린다 해도 과언이 아니었다. 브론테 버스, 브론테 호텔, 브론테 펍 등등. 교통도 불편한 이 시골에 관광객이 몰리는 건 전적으로 브론테 때문이다. 스토리텔링의 힘이다.

버스가 고개를 넘으면서 서요크셔 지방의 풍요로운 구릉이 펼쳐졌고, 부드러운 곡선에 마음이 콩콩 뛰었다. 하워스역에 내리는데, 눈이 휘둥그레졌다. 오래된 역사의 모습은 세월의 더께가 가득했고, 그 앞에 서 있는 오래된 이층버스 역시 세월이 만만치 않아 보였다. 설상가상 사람들의 복장이 마치 2차 세계대전 당시로 돌아간 듯했다. 제복을 입은 노인들과 세련된 복고 의상을 한 아줌마들은 도대체 어디서 나타났을까. 알고보니 그날이 '군인과 군인가족을 위한 축제'의 날이었다.

하워스역 안에 들어갔다가 다시 깜짝 놀랐다. 석탄 가득 실은 기차가 엄청난 경적 소리와 커다란 연기를 휘날리며 들어오고 있었다. 승무원의 모습도 옛날 그대로다. 케이티~하워스~옥센호프(Oxenhope) 구간에 아직도 증기기관차가 다녔다. 1962년 영국철도가 이 지역 라인을 폐쇄하자 하워스 일대 주민들이 보존협회(Preservation Society)를 꾸려 정부와 투쟁하고 대화하여 1968년부터 직접 철도를 운행한다고 한다.

브론테 버스

하워스에는 지금도 증기기관차가 운행한다.

기차 구경을 하고 사람들을 따라 축제장으로 가보았다. 축제장은 또다른 별세계였다. 모두들 작정하고 복고 복장을 했다. 브론테 문학관과 이어진 메인 스트리트에서 축제가 한창이다. 거리에서는 군대를 사열하는 모습을 재현하고 있었다. 군기가 잔뜩 든 할아버지들의 모습이 심각하면서도 웃겼다. 젊은이들도 함께 축제를 즐기는 모습이 재미있었다. 세대가 어울리는 모습이랄까, 그런 모습이 보기 좋았다.

떠들썩한 축제의 거리를 빠져나와 브론테 박물관에 들어섰다. 교회 뒤편에 자리한 박물관은 본래 교회 사제관이었다. 목사였던 아버지와 브론테 세 자매, 그리고 막내아들이 함께 살았다. 매표소에서 한국어로 된 팸플릿을 줬다. 유럽에서는 전례가 없는 일이다. 동양에서는 일본 사람들이 많이 찾고, 그 다음이 한국인이라고 한다.

브론테 세 자매는 모두 뛰어난 작가였다. 첫째가 〈제인에어〉를 쓴 샬롯 브론테, 둘째가 〈폭풍의 언덕〉을 쓴 에밀리 브론테, 셋째가 시인인 앤 브론테다. 박물관에 들어서자 가장 먼저 세 자매가 함께 책을 읽고 글을 썼다는 서재가 나왔다. 이곳에서 세 자매가 모여 앉아 글을 쓰는 모습이 떠올라 미소가 지어졌다. 세 자매의 아버지가 밤 9시면 울렸다는 종, 샬롯 브론테가 입던 옷, 에밀리 브론테가 착용했던 목걸이와 안경, 세 자매의 초상화와 편지 등이 전시되어 있었다. 지금도 이곳에 세 자매가 살고 있는 느낌이 들었다.

하워스에서는 꼭 봐야 할 게 산꼭대기에 있다. 〈폭풍의 언덕〉의
원제는 워더링하이츠(Wuthering Heights)다. 이 동네의 거친 바람
이름이고, 산정에 자리한 저택의 이름이기도 하다. 브론테는 소
설을 쓰면서 툭하면 워더링하이츠를 산책했다고 한다. 박물관에
서 워더링하이츠가 있는 탑 위든스(Top Withins)까지는 약 7킬로미
터 거리다. 왕복하는 데 너댓 시간은 걸리는 제법 먼 길이다.

박물관을 나오자 요크셔 지방 특유의 완만한 구릉지대가 펼쳐
졌다. 작은 저수지를 지나자 목장이 나왔다. 양들과 함께 걸었다.
길을 막고 있는 양들에게 가까이 가면 양들은 '매애!' 하면서 도
망갔다. 양과 숨바꼭질하듯 걷다 보니 '브론테 폭포'가 나왔다.
브론테 폭포는 작은 계곡으로, 브론테 자매가 이곳까지 자주 산
책했다 하여 붙여진 이름이다. 다리 아래의 큰 바위에 브론테가
앉아서 쉬었다고 한다.

에밀리 브론테의 집과 브론테 자매들

브론테 폭포를 지나면 소설에 등장하는 무어(moor) 지대가 나온다. 무어는 개간하기 힘든 거친 들판을 일컫는 말이다. 여기에 히스(heath) 군락지가 많다. 히스는 진달래과에 속하는 소관목으로 가시가 많아 그곳에 들어가면 다치기에 십상이다. 8월에는 붉은 꽃이 무더기로 피지만, 다른 계절에는 그저 검게 보인다. 히스는 브론테 세 자매 작품의 단골 아이템이며, 특히 에밀리 브론테는 〈폭풍의 언덕〉의 주인공 '히스크리프트'란 이름을 히스에서 따오기도 했다. 소설 속에서 어린 캐서린과 히스크리프트는 거친 무어지대에서 깔깔거리며 뛰어놀곤 했다.

히스 군락지를 지나 하염없이 걸었다. 하늘의 구름이 무겁다. 회색 구름 한 덩이가 내려와 머리를 짓누르는 것 같다. 지친 몸을 이끌고 꾸역꾸역 올라 폐허의 워더링하이츠 앞에 섰다. 건물 앞으로 광활한 구릉

이 펼쳐졌다. 막막하다 못해 적막했다. 여기서 산다면 무얼 할 수 있을까? 히스크리프트의 광기는 브론테가 하워스에서 느꼈던 그 적막함에서 나온 건 아니었을까? 워더링하이츠란 말에는 또 다른 의미가 있다. 거친 바람을 견디는 힘이다. 누구나 바람을 맞고 또 바람을 견디며 산다.

워더링하이츠로 가는 길

FRANCE

3
프랑스

파리
헤밍웨이 따라 골목길 산책

헤밍웨이의 작업실이 있었던 건물 1층에 '베를렌의 집'이란 카페가 있다.

헤밍웨이(1899~1961)의 화양연화는 젊은 날의 파리 시절이었을까? 미국인 헤밍웨이는 고국을 떠나 프랑스, 스페인, 쿠바 등 많은 나라에서 살았지만, 젊은 날의 파리를 특별하게 기억했다. 헤밍웨이는 스물둘이었던 1921년부터 7년을 파리에서 살았다. 그리고 삼십여 년이 지난 1957년 가을부터 1961년 자살로 생을 마감하기 전까지 파리 시절을 회고하는 〈파리는 날마다 축제〉를 썼다.

"파리는 내게 언제나 영원한 도시로 기억되고 있습니다. 어떤 모습으로 변하든, 나는 평생 파리를 사랑했습니다. 파리의 겨울이 혹독하면서도 아름다울 수 있었던 것은 가난마저도 추억이 될 만큼 낭만적인 도시 분위기 덕분이 아니었을까요. 아직도 파리에 다녀오지 않은 분이 있다면 이렇게 조언하고 싶군요. 만약 당신에게 충분한 행운이 따라주어서 젊은 시절 한때를 파리에서 보낼 수 있다면, 파리는 마치 '움직이는 축제'처럼 남은 인생에 당신이 어딜 가든 늘 당신 곁에 머물 것이라고. 내게 파리가 그랬던 것처럼"

— (〈파리는 날마다 축제〉 중에서)

마르세유 대신 파리를 선택한 건 전적으로 헤밍웨이 때문이다. 헤밍웨이처럼 젊지도 않고 '한때'도 아닌 나이에, 그것도 고작 5일 일정이다. 그렇지만 파리 여행이 내 생애 어떤 영향을 줄지 자못 궁금했다. 헤밍웨이의 말처럼 내 남은 인생에 '어딜 가든

내 곁에' 머물러줬으면 좋겠다.

　　"나는 쏟아지는 빗속에서 발길을 돌렸다. 앙리 4세 고등학교와
　오래된 생테티엔 뒤몽 교회, 그리고 바람이 휘몰아치는 판테온 광
　장을 지나 오른쪽으로 돌아 마침내 생미셸 대로로 나갔다. 그리고
　클뤼니와 생제르맹 대로를 지나 마침내 내가 잘 아는 생미셸 광장
　의 멋진 카페로 들어갔다."

　　　　　　　　　　　　　　　　　　　— (〈파리는 날마다 축제〉 중에서)

　헤밍웨이를 뒤따라 가보자. 출발점은 '베를렌이 숨을 거둔 곳

생테티엔 뒤몽 교회

이며 내가 꼭대기 층에 방 하나를 빌려 작업실로 쓰고 있는 호텔'
이다. 헤밍웨이가 세 들었던 호텔의 꼭대기의 작업실은 사라졌
지만, 고맙게도 건물 1층에 베를렌의 집(La Maison de Verlaine) 레스
토랑이 남아 있었다.

초저녁의 레스토랑은 한적했다. 따뜻한 붉은 불빛이 흘러나오
는 안으로 들어가 와인을 한 잔 하고 싶은 마음은 굴뚝같았지만,
출발점이라 꾹 참았다. 레스토랑 입구에는 베를렌과 헤밍웨이
등이 살았다는 기록이 사진과 함께 붙어 있었다.

시인 폴 베를렌(1844~1896)은 말라르메와 함께 프랑스 상징주
의의 시조로 불린다. 무엇보다 유명한 건 혜성처럼 등장한 17세

판테온

천재 시인 랭보와의 사랑이다. 폴 베를렌은 말라르메와 랭보 등의 시를 평한 평론집 〈저주받은 시인들〉을 발표해 두 사람을 유명인으로 만들었고, 그 제목처럼 스스로 저주받은 시인의 삶을 살았다.

베를렌 레스토랑에서 시내 방향인 북쪽으로 가면 사거리가 나온다. 여기서 좌회전하면 앙리 4세 고등학교와 생테티엔 뒤몽 교회(Church of Saint Etienne) 사이를 걷는다. 교회 앞에서 잠시 멈췄다. 이곳은 파리의 수호신 '생트 주느비에브(Saint Jenevieve)'를 모시는 유서 깊은 장소다. 도시에 질병이나 전쟁 같은 위험한 일이 있을 때마다 파리 시민들은 주느비에브에게 예배를 드리거나 그녀의 유골함을 들고 시내를 행진했다고 한다.

이 교회는 영화 〈미드나잇 인 파리〉에서 주인공이 과거로 이동하는 주요한 장소로 등장한다. 영화 속 주인공 길 펜더처럼 성당 계단에 앉아본다. 은은한 가로등 불빛이 흘러내리는 성당 앞은 영락없이 중세시대처럼 느껴졌다. 영화에서처럼 과거로 들어가는 앤티크 푸조 차량은 오지 않았지만, 분위기는 퍽이나 영화적이었다.

다시 헤밍웨이를 따라 걷는다. 키가 큰 그는 성큼성큼 빨리 걸었을 것이다. 여차하면 놓친다. 교회를 지나면 주변이 눈부시게 빛났다. 은은한 가로등이 유백색 대리석으로 가득한 판테온과 '파리 제1대학' 건물에 반사됐다. 분위기가 판타스틱하다. 학생들은 이 분위기를 매일 보면서 학교를 오간다. 괜스레 대학 건물 안에 슬쩍 들어갔다가 나와 판테온 광장 앞에 섰다.

저 앞쪽에서 어서 오라는 듯 에펠탑이 반짝였다. 판테온은 프랑스 위인들의 영혼을 모신 전당이다. 즉, 국립묘지다. 원래 루이 15세가 자신의 병이 치유된 것을 신께 감사하기 위해 지은 생트 주느비에브 교회였다. 1758년에 건물 기초가 세워졌고 프랑스혁명이 시작되던 1789년에 완성됐다. 기둥이 있는 돔의 모양은 런던의 세인트폴 대성당의 영향을 받았다고 한다. 건물 지하에는 볼테르, 루소, 에밀 졸라, 빅토르 위고 등의 무덤이 있다.

판테온 광장 앞에서 생미셸 대로로 곧장 가지 않고, 그 전에 우회전해 도로를 따라 내려갔다. 시테 섬을 만나기 직전에 초록색 간판의 서점, 셰익스피어 앤 컴퍼니(Shakespeare & Company) 서점이 나타났다. 서점 안으로 들어가면 눈이 휘둥그레진다. 고풍스럽고 아날로그하다. 책 사러 온 사람보다 구경하는 사람들이 더 많지만, 구석에 처박혀 조용히 책을 읽는 사람도 있었다.

파리로 이주해 서점에 처음 들른 헤밍웨이는 서점 여주인 실비아 비치(Sylvia Beach, 1887~1962)가 보증금도 없이 자신에게 책을 빌려주려 하는 데 감동한다. 집으로 돌아와 아내에게 서점에 있었던 일을 자랑스럽게 이야기하기도 했다. 셰익스피어 앤 컴퍼니의 역사는 1919년으로 올라간다. 선교사 아버지를 따라 미국에서 건너온 실비아 비치가 서점을 열었다. 당시 서점의 위치는 오늘날의 자리가 아니라 뤽상부르 공원 근처인 파리 6구의 오데

옹 거리(Rue de l'Odéon)였다. 서점이 결정적으로 널리 유명해진 건 제임스 조이스의 대표작 〈율리시스〉(Ulysses, 1922)를 출판해서다. 당시 조이스는 이 작품을 영국 잡지 〈에고이스트〉에 연재했는

셰익스피어 앤 컴퍼니 서점

데, 외설적이라는 독자의 항의가 빗발치자 미국 잡지 〈리트 리뷰〉에 옮겨 연재했다. 그러나 미국에서도 반응은 마찬가지였다. 이 일로 단행본 출판은 엄두로 못 낼 형편이었는데, 1922년 과감하게 셰익스피어 앤 컴퍼니에서 1천 부를 무삭제판으로 출판했다. 책은 날개 돋친 듯 팔려나갔다. 하지만 2차 세계대전으로 나치가 프랑스를 점령하면서 실비아의 서점은 1941년 문을 닫는다. 이후 1950년대에 들어 프랑스에 유학 중이던 미국인 조지 휘트먼(George Whitman, 1912~?)이 1951년 '르 미스트랄(Le Mistral)' 서점을 센 강변에 열면서 문학가와 예술가들의 안식처가 된다. 이 서점은 1964년에 셰익스피어 탄생 400주년을 맞아 셰익스피어 앤 컴퍼니로 이름을 변경하면서 옛 실비아 비치의 맥을 이어 오늘에 이르고 있다. 서점은 영화에도 많이 등장했는데, 특히 〈비포선셋〉의 주인공들이 재회한 곳으로 나오기도 했다.

이제 길은 헤밍웨이가 밤 산책을 멈춘 곳, 생미셸 광장(Place Saint-Michel)으로 이어진다. 헤밍웨이는 이곳의 어느 카페로 총총 들어갔다. 그는 따뜻한 카페 안에서 글을 쓰다가 생굴 안주에 와인을 한 잔 한다. 원고료를 받아 주머니 사정이 나아진 덕분이었다. 그가 들어간 카페는 어디일까. 카페는 그때처럼 여전히 많다. 비가 내려 서둘러 어느 분위기 좋아 보이는 카페에 들어갔다. 테이블에 와인 한 잔 놓고 언 몸을 녹였다.

몸이 훈훈해지자 따뜻한 카페를 박차고 일어났다. 헤밍웨이를 따라가는 산책의 종착점으로는 알렉상드르 3세 다리(Pont Alexan-

헤밍웨이가 들어갔을 법한 생미셸 광장의 카페

영화 〈미드나잇 인 파리〉의 마지막 장면을 찍은 알렉상드르 3세 다리

dre III) 다리가 제격이다. 〈파리는 날마다 축제〉의 마지막 장면을
촬영한 현장이다. 마침 비도 왔다. 젖은 다리는 반짝반짝 빛났다.
다리를 특별하게 만드는 건 가로등이었다. 마치 가스등처럼 은
은한 불빛을 내뿜었다. 젖은 도로가 불빛을 반사해 분위기를 로
맨틱하게 돋운다. "확실히 파리는 비 올 때 젤 예뻐요." 영화 〈미

생미셸 광장의 한 카페 안

드나잇 인 파리〉 여주인공의 말이 떠올랐다. 그 말이 비로소 실
감났다. 영화는 새로운 사랑을 시작하는 연인들의 뒷모습으로
맺는다. 다리 저편으로 사라지는 사람을 쫓아갔다. 멀리 에펠탑
이 파리의 밤하늘에 레이저 광선을 쏜다. 그러더니 갑자기 반짝

반짝 빛나는 조명이 들어왔다. 마치 에펠탑이 엉덩이춤을 추는 듯했다. 숙소로 가는 버스에 올라 나의 화양연화 시절을 떠올려 봤다. 그런 때가 있기나 한 걸까? 혹시 여행하는 이 순간이 나의 화양연화가 아닐까?

FRANCE

오베르 쉬르 우아즈
고흐의 창문

라부 여인숙 고흐의 방

'오 베 르 쉬 르 우 아 즈'

천천히 읽어보면, 뭔가 우아하고 세련된 느낌을 준다. 오베르 쉬르 우아즈는 파리에서 약 30킬로미터 떨어진 시골 마을로, 고흐가 죽기 전까지 살았던 곳이다. "죽고 나서야 비로소 태어나는 사람이 있다"라는 니체의 말은 니체 자신만이 아니라 고흐에게도 해당한다. 고흐의 흔적을 찾아 파리 북역에서 근교선인 H선 기차에 몸을 실었다.

네덜란드, 영국, 벨기에 등을 전전하던 고흐가 파리에 온 건 1888년이었다. 이른 아침 기차로 파리 북역에 도착한 고흐는 동생 테오를 찾아갔다. 몇 달 후 두 사람은 몽마르트르 지역의 아파트로 이사했다. 고흐는 여기서 로트렉(Henri de Toulouse-Lautrec, 1864~1901), 베르나르 등 젊은 화가들을 사귀고, 인상주의의 화려한 빛을 접한다. 파리에서 2년쯤 살던 고흐는 프랑스 남부의 아를로 이사한다. 그리고 발작을 일으켰고, 1890년 정신과 의사이자 아마추어 화가인 가셰 박사가 있는 오베르 쉬르 우아즈로 거처를 옮긴다.

오베르 쉬르 우아즈에 여행자들이 심심치 않게 찾아오는 건, 전적으로 고흐 덕분이다. 물론 인상주의 선구자로 통하는 도비니가 정착했고, 인상파의 대가 세잔도 이 마을에서 왕성한 작품 활동을 했다. 고흐는 불과 70여 일 머물면서 무려 80여 점의 작품을 남겼다. 하루에 1점 이상을 미친 듯이 그렸다. 〈까마귀가 나는 밀밭〉과 〈오베르의 성당〉 등 우리가 잘 아는 명작이 이때 그려졌다. 고흐는 밀밭에서 권총 자살을 시도하고, 라부 여인숙 독방으로 아픈 몸을 끌고와 결국 생을 마감했다. 고독한 천재의 비극과 눈부신 작품이 우리를 오베르 쉬르 우아즈로 부르는 것이다.

오베르 쉬르 우아즈역에 기차가 멈췄다. 먼저 관광안내소를 찾았다. 안내소 앞에 고흐 동상이 있다. 붓을 손에 쥐고, 이젤을 등에 메고 길 떠나는 형상이다. 마치 고행하는 부처상처럼 보인다. 러시아 출신 프랑스 조각가 자드킨의 작품이다. 동상 주변으

고흐 동상

오베르 쉬르 우아즈역

까마귀 나는 밀밭의 현장

로 큰 나무들이 단풍을 가득 머금고 있었다. 나뭇가지들이 바람에 휘날렸다.

관광안내소에서 준 한글 버전 지도를 들고 고흐 작품의 현장을 찾아다녔다. 기차역 쪽으로 가서 24번 그림, 〈도비니 집 정원〉을 만났다. 그림 뒤에 도비니가 살았던 집과 정원이 있었다. 여기서 조금 더 가면 오베르 성당이 나온다. 성당 옆에 고흐의 그림이 있다. 그림과 현장을 함께 보니 그림이 더욱 생생하게 느껴졌다. 그림은 성당 앞의 밀밭과 하늘을 역동적인 붓 터치로 처리해 마치 왜곡되고 구겨지는 것 같은 인상을 줬다.

성당에서 이정표를 따라 완만한 언덕을 오르면 묘지공원이 나

오베르 성당

고흐 묘지

라부 여인숙

온다. 입구에서 좀 헤맸다. 고흐 묘지가 어느 쪽인지 몰라서다. 마침 서성거리는 사람이 있어 그쪽으로 이동했다. 고흐의 묘지는 왼쪽 끝 지점에 있었다. 소박하고 투박한 묘지 두 개가 나란히 있다. 고흐와 동생 테오다. 테오는 당시 고흐의 작품을 이해한 유일한 사람이다.

두 사람이 주고받은 편지가 우리나라에서도 책으로 나왔다. 고흐가 테오에게 보낸 많은 편지는 "네가 보내준 50프랑을 잘 받았다"라고 시작한다. 오직 그림만 그린 고흐를 테오는 정성껏 후원했다. 두 묘비 뒤로 푸른 하늘이 펼쳐졌다. 두 사람 모두 지금은 자유롭게 저 하늘을 날겠지. 묘지를 나와 까마귀가 나는 밀밭을 찾아갔다. 밭은 까마귀와 밀이 없어도 풍요로웠다. 갈아엎은 땅은 무언가를 만들어내려는 듯 팽팽한 긴장감과 충만함으로 가득했다.

밀밭을 지나 오베르 성을 찾았다. 성 주변의 나무들은 화려한 옷을 갈아입었다. 늦가을 고흐를 찾아가는 길은 빛과 색의 세례를 듬뿍 받고 있었다. 오베르 광장 맞은편에 고흐가 살았던 라부 여인숙이 있다. 고흐는 이곳 5번 방에서 살았다. 라부 여인숙 2층 계단을 따라 오르면서 가슴이 철렁 내려앉았다. 내부가 옛 모습 그대로라 마치 고흐가 살았던 시대로 들어가는 듯했다.

컴컴한 나무 계단을 올라 고흐의 방을 보고, 눈물이 찔끔 났다. 고흐의 방은 거의 감옥의 독방 수준이었다. 고흐가 이렇게 작고 어두운 방에 살았다는 게 마음이 아팠다. 고흐는 권총 자살 시도

후 독방으로 돌아와 숨을 거두었다고 한다. 고흐는 죽으면서 자신이 천장에 직접 만들었다는 작은 창문을 바라봤을 것이다. 고흐가 살았던 때에도 저 창으로 빛이 쏟아지고 별이 빛났겠지. 내 마음에도 고흐의 창문을 들여놓았다.

ITALIA

4
이탈리아 (1) 토스카나와 로마

피사
아르노 강가에서의 쓸쓸한 하룻밤

피사 시내를 흐르는
아르노 강

피사공항

유럽 내에서 이동은 기차보다 항공 쪽이 저렴하다. 많은 저가 항공사들이 경쟁하기 때문이다. 파리에서 출발한 비행기는 1시간 반쯤을 날아 이탈리아 피사의 갈릴레오 갈릴레오 공항(Pisa Galileo Galiei Airport)에 도착했다. 비행기 이동은 빠르고 가격도 저렴해서 좋다. 다시 새로운 여행이 시작되는 느낌은, 돈 주고도 살 수 없는 축복을 받는 느낌이랄까.

피사는 이탈리아 북부 토스카나 지방의 관문이다. 피렌체에 공항이 있긴 하지만, 운행 편수가 매우 적다. 피렌체가 목적지인 사람들도 피사 공항을 이용한다. 국제공항이지만 우리나라 지방

공항처럼 아담하다. 피사 공항은 피사 시내에 자리한다. 공항 주차장에서 길을 건너면 바로 시내다. 길 따라 설렁설렁 30분쯤 걸어 숙소에 닿았다. 공항에서 숙소까지 걸어서 이동한 도시는 피사가 처음이다.

파리가 세련됐다면, 피사는 고풍스러웠다. 먼저 그 유명한 피사의 사탑을 찾아 미라콜리 광장(Piazza del Duomo)을 찾았다. 성문 안으로 들어서자 느닷없이 거대한 건물들이 나타났다. 삐딱하게 고개를 내밀고 기울어진 사탑이 멋있었지만, 그 앞 딴딴해 보이는 로마네스크(romanesque) 양식의 세례당과 두오모도 압도적이었다. 순백색 대리석으로 화려하게 장식한 건물들은 로마네스크 양식의 진수를 보여줬다.

피사의 사탑은 피사 출신인 갈릴레오 갈릴레오(Galileo Galilei, 1564~1642)가 자유낙하 실험을 한 것으로 유명하다. 갈릴레오는 '무거운 물체는 가벼운 물체보다 더 빨리 떨어진다'는 통설을 깨기 위해 피사의 사탑에서 무게가 다른 두 개의 공을 동시에 떨어뜨렸고, 이를 통해 같은 높이에서 자유 낙하하는 모든 물체는 질량과 무관하게 동시에 떨어진다는 낙체 법칙을 입증했다고 한다. 미라콜리 광장에서는 피사의 사탑의 배경으로 누구나 기념 촬영을 한다. 재밌는 건 대개 포즈가 비슷하다는 점이다. 기울어가는 탑을 밀거나 받치는 포즈다.

피사는 지중해를 접한 유서 깊은 도시다. 아펜니노 산맥에서 발원한 아르노 강이 토스카나 지역을 굽이굽이 흘러와 피사 도

이탈리아(1) 토스카나와 로마

피사 대성당과 사탑

심을 적신 다음 지중해로 빠져나간다. 고대 로마시대에는 주요한 해군기지 역할을 했고, 중세시대에는 이탈리아의 4대 해상세력(아말피, 피사, 제노바, 베네치아 공화국) 중 하나가 될 정도로 성장했다. 1016년 제노바와 함께 사르데냐 섬을 지배한 이슬람 세력을 몰아냈고, 1063년에는 당시 이슬람 세력이 지배하던 시칠리아의 팔레르모를 약탈하기도 했다.

피사 대성당은 팔레르모에서 가져온 금은 보화들을 재원으로 지어졌다. 대성당의 화려함에는 11세기 잘 나가던 피사의 영광이 담겨 있다. 하지만 피사는 13세기에 이르러 지중해 주도권을 놓고 제노바에 패하면서 점점 몰락의 길을 걷는다. 관광의 시대인 지금의 피사는 옆 동네인 피렌체에 밀린다. 관광객들은 대개 피렌체에 숙소를 두고 피사의 사탑을 구경하고 돌아간다. 피사의 물가도 비교적 싸고 조용하다. 나로서는 이런 점이 마음에 들었다.

성당과 사탑 주변을 한참 서성거리다가 골목길을 걸었다. 어둑어둑한 골목은 고풍스럽고 예뻤다. 어두운 골목에는 듬성듬성 자리한 가게나 술집에만 불이 들어와 있었다. 그중 따뜻해 보이는 식당 야외 자리에 앉아 피자와 맥주를 주문했다. 식당에는 젊은이들이 많았다. 갈릴레오가 교수로 있었던 유서 깊은 피사대학교 학생들이었다. 식사 후에는 일부러 골목골목 깊은 곳까지 둘러봤다. 어느 외진 골목에 학생들이 둘러앉아 술을 마시며 이

피사 거리의 식당

피사 야경

야기를 나누는 모습이 정겨웠다. 피사대학교에 다니고 싶다는 엉뚱한 생각이 들었다.

숙소가 운 좋게 아르노 강 바로 옆이다. 강길을 따라 숙소로 가는데 아르노 강 위로 휘영청 보름달이 걸렸다. 옛 건물들과 어우러진 아르노 강의 야경이 일품이다. 대부분 관광객은 피사의 사탑만 보고 금새 피사를 떠나기에, 야경이 이렇게 멋진 줄 모를 것이다. 숙소 테라스에서 아르노 강의 야경을 하염없이 바라보다가 추운 방에 들어와 웅크리고 잠을 청했다.

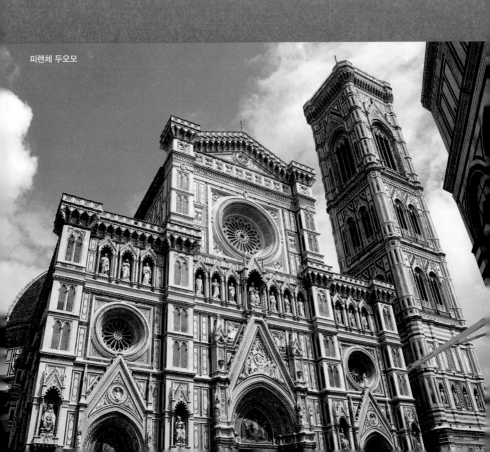

ITALIA

피렌체
르네상스의 꽃

피렌체 두오모

피사에서 기차를 이용해 피렌체에 입성했다. 피렌체 역에서 걸어서 피렌체 두오모를 찾았다. 골목을 돌아 대성당이 나타나자 저절로 감탄이 터져나왔다. 백색의 대리석에 초록색과 분홍색으로 장식한 모습은 세련되면서도 웅장했다. 르네상스의 미덕은 세련됨이 아닐까.

성당이 잘 보이는 노천카페에 자리를 잡았다. 아직 점심때가 안 됐지만, 피자 한 조각과 맥주를 주문했다. 성당은 가만히 보고 있어도 좋았다. 하지만 피렌체는 여행하기 쉬운 도시가 아니다. 피렌체 대성당과 우피치 미술관은 사전 예약이 필수다. 게다가 사람은 얼마나 많은지. 피렌체에 와서야 피사가 얼마나 조용하고 매력적인 도시인지 깨달았다.

두오모 통합권은 쿠폴라(Cupola), 성 조반니 세례당(Battistero di San Giovanni), 지하예배당, 조토의 종탑, 두오모 오페라 박물관 등 5곳을 입장할 수 있다. 대성당은 무료입장이다. 그래서 항상 줄이 길다. 두오모 통합권을 예약하면서 쿠폴라 방문 시간을 선택해야 한다. 개방 인원이 한정되어 있기 때문이다. 나머지 장소는 안 해도 된다. 아무 때나 개방 시간에 입장할 수 있다.

우선 오페라 박물관을 찾았다. 박물관은 대성당의 주요 보물들을 전시하는 곳이다. 꼭 봐야 할 것은 조반니 세례당의 청동 대문인 〈천국의 문〉이다. 현재 세례당에 있는 건 모형이고 진짜가 여기 있다. 기베르티의 작품으로 미켈란젤로가 감동해 '천국의 문'으로 불렀다고 한다. 구약성서의 내용을 조각했는데, 세밀한

오베라 박물관의 청동문

도나텔리의 막달라 마리아 상

디테일에 입이 쩍 벌어진다.

유럽을 휩쓴 흑사병은 피렌체에도 찾아왔다. 당시 12만이 넘는 피렌체 인구는 흑사병 이후 무려 4만으로 줄어들었다고 한다. 흑사병이 물러가자 피렌체 정부는 이를 기념하기 위해 세례당에 청동문을 만들기로 결정한다. 공모에 기베르티(Lorenzo Ghiberti)와 브루넬레스키(Filippo Brunelleschi)가 서로 경쟁했고, 우아하고 부드러운 기베르티의 작품이 선정됐다. 공사를 시작한 지 21년 만인 1424년에 청동문은 완성됐다.

도나텔리의 막달라 마리아 상도 놓쳐서는 안 된다. 예수 앞에

거리에서 본 피렌체 대성당

서 참회하는 모습인데 나무로 조각해 디테일이 빼어나다. 척 보아도 명작의 아우라가 뿜어져 나온다. 유명한 미켈란젤로의 〈피에타〉는 말이 필요 없는 걸작이다. 그밖에 두오모와 세례당의 외벽을 장식한 조각상들, 두오모 제작과정 등을 재현해놓은 전시 등이 볼 만하다.

조토의 종탑은 두오모의 걸작인 붉은 돔을 조망하기 좋은 곳이다. 조토는 성당을 짓는 책임자로 1334년 종탑을 짓기 시작해 기초와 1층까지 만들고 세상을 떠났다. 그의 사후 안드레이 피사노가 3층까지 올렸고, 시간이 흐른 1539년에 되어서야 오늘날의

조토의 종탑에서 바라본 피렌체 대성당의 붉은 돔

모습으로 완공됐다. 높이 85미터, 414개 계단을 올라야 한다. 두오모 돔 사진은 대부분 여기서 찍은 것이다.

이제 쿠폴라에 올라갈 차례다. 줄을 서 예약한 티켓을 보여줘야 통과한다. 한동안 계단을 오르면 갑자기 넓은 공간이 나온다. 여기서 반대편 계단 쪽으로 이동하는데, 대성당의 천장화가 잘 보인다. 천장화는 1574년에 완성된 바사리(Vasari)의 프레스코화 〈최후의 심판〉과 〈창세기의 이야기〉다. 4년간의 작업 끝에 탄생했으며 죽음 이후 천국에서 신의 심판을 그린 작품이다. 이 그림도 보자마자 명작의 아우라가 훅 끼쳐온다.

두오모의 천장화

피렌체 대성당의 본래 이름은 산타 마리아 델 피오레 대성당(Cattedrale di Santa Maria del Fiore)이다. '꽃의 성모 마리아 대성당'이라는 뜻이다. 피렌체를 상징하는 대표적인 건축물 중 하나다. 피렌체 시민들은 도시의 번영을 상징하는 종교 건축물을 짓기로 했다. 1296년 공사를 시작하여 166년이란 긴 세월에 걸쳐 1462년에 완성됐다. 당시에는 세계에서 가장 큰 성당이었다.

청동문 심사에서 탈락한 브루넬레스키는 로마로 건너가 로마 건축을 공부했다. 그리고 다시 피렌체로 돌아와 대성당 돔 공사의 책임자로 뽑혔고, 피렌체 대성당 붉은 돔을 완성한 주인공이 됐다. 대성당은 건축가 캄비오가 설계했고, 조토가 총책임자로 활동하기도 했다. 그러다가 거대한 돔을 만들 수 있는 기술적인 해결책이 없어 공사를 중단한 상태였다.

브루넬레스키는 로마 판테온 신전에서 영감을 얻어 돔을 완성했다고 한다. 지지대를 일체 사용하지 않는 독창적인 공법을 사용했고, 제작 기간은 1420년부터 1436년까지 16년이었다. 벽돌만 무려 4백만 장이 들어갔다. 그렇게 완공한 높이 106미터, 지름 46미터에 이르는 팔각형 돔인 쿠폴라는 피렌체의 상징이 됐다. 쿠폴라에 오르면 사방이 넓게 열린다. 피렌체 시내는 물론, 주변 토스카나의 아름다운 구릉지대까지 한눈에 들어온다.

우피치 미술관은 두오모 성당과 더불어 피렌체의 대표적 명소다. 고대 그리스의 미술 작품에서 렘브란트의 작품까지 약 2,500여 작품을 소장하지만, 특히 주목받는 작품들은 다수의 르네상스 회화의 걸작들이다. 건물은 초대 토스카나 대공이 된 메디치가(家)의 코시모 1세(1519~74)의 행정 집무실이었으며, 우피치궁(宮)이라고 한다. 우피치는 이탈리아어로 집무실이란 뜻이다. 두 채의 궁전과 이를 잇는 회랑으로 이루어져 있다.

15세기 피렌체에 군림한 메디치가의 코시모 일 베키오(1389~1465) 시대부터 메디치가의 최후의 6대 토스카나대공 잔 카스토네(1671~1737)까지 거의 200년간, 메디치가는 많은 예술가들에게 막대한 미술품 제작을 의뢰하고 또 작품을 수집했다. 1737년 메디치가의 최후의 사람으로서 우피치궁의 미술품을 계승하고 있던 안나 마리아 루드비카가 토스카나 대공국에 기증했고, 그

우피치 미술관

녀의 뜻에 따라 일반에게 공개됐다.

우피치 미술관의 걸작들을 모두 감상하려면 하루는 턱없이 짧다. 집중과 선택이 필요하다. 가장 보고 싶었던 보티첼리를 찾았다. 보티첼리의 방에 들어서면, 마치 화사한 공기가 흐르는 듯하다. 화사함은 봄의 향기이고, 꽃의 향기이고, 여인의 향기다.

산드로 보티첼리(Sandro Botticelli, 1445~1510)는 이탈리아 르네상스를 대표하는 화가다. 본명은 알레산드로 디 마리아노 필리페피(Alessandro di Mariano Fillipepi)다. 보티첼리는 작은 술통이란 뜻이다. 술을 좋아해 보티첼리란 별명으로 잘 알려졌다. 프라 필리포 리피에게 그림을 배웠고, 훗날 리피의 아들인 필리피노 리피에

〈프라마베라〉

게 그림을 가르쳤다고 한다.

보티첼리는 꽃미남이다. 그의 젊었을 때 초상화를 보면 우아함이 넘치는 미소년이다. 그림 역시 우아하다. 먼저 본 그림은 그 유명한 〈프리마베라(봄)〉. 그림에는 마치 연극 무대처럼 8명의 여인과 1명의 남자가 등장한다. 9명의 등장인물은 모두 그리스 신화의 주인공이다. 배경은 오렌지나무 숲이다. 오렌지 열매가 꽃처럼 환하게 열렸다. 오렌지나무는 겨울철에 열매를 맺는다. 계절적으로 곧 봄이 옴을 느낄 수 있다.

화면 한가운데 있는 여인이 사랑의 여신 비너스다. 다른 인물들보다 약간 뒤쪽에서 정면을 향해 서 있다. 그녀의 위쪽에는 아들 큐피드가 눈을 가린 채 화살을 쏘고 있다. 화살을 맞으면 무조건 사랑에 빠진다. 손을 잡고 춤을 추고 있는 여인들은 비너스의 세 시녀인 삼미신(三美神)이다. 관능적으로 그려진 삼미신은 순결, 미, 애욕을 상징하며 여성 육체의 아름다움을 드러내고 있다.

가장 오른쪽에 시퍼런 몸으로 공중에 떠 있는 인물은 겨울을 상징하는 서풍 제피로스다. 제피로스는 요정 클로리스를 붙잡으려 한다. 요정은 제피로스에게 잡히는 순간 꽃을 상징하는 플로라로 변신한다. 이는 로마 시인 오비디우스의 〈변신 이야기〉에 기원을 두고 있다. 왼쪽에서 셋째 여인이 바로 클로리스가 변신한 플로라다. 플로라는 꽃과 꽃잎으로 장식한 아름다운 드레스를 입고 동산에 꽃을 뿌리고 있다. 화면 가장 왼쪽에서 오렌지를 따고 있는 인물은 소식을 전해주는 신 헤르메스다. 그는 날개 달린 부츠를 신고 있어서 빠른 속도로 하늘을 날아다니며 사람들에게 소식을 전한다고 한다. 〈프리마베라〉는 종교화에서 벗어나 고대 신화를 다루었다는 점에서 르네상스 회화의 폭을 넓혔다고 평가된다.

〈비너스의 탄생〉은 여신 비너스가 바다에서 탄생하는 이야기를 소재로 한 그림이다. 비너스는 커다란 조개를 타고 서풍의 신 제피로스 부부가 부는 바람에 실려 자신의 섬인 키프로스에 첫발을 내디디고 있다. 그 옆에는 과실나무의 요정 호라이가 비너스의 알몸을 감싸기 위해 옷을 펼쳐 들고 있다.

보티첼리에게 비너스의 모델이 된 사람은 당시 피렌체의 최고

〈비너스의 탄생〉

미녀로 이름을 날리던 시모네타로 알려졌다. 시모네타는 보티첼리뿐 아니라 당대 피렌체의 여러 예술가들이 한목소리로 찬미했던 여인이다. 제노아 출신으로 열다섯에 피렌체 명문 베스푸치 집안으로 시집왔다. 베스푸치 집안은 메디치 가문처럼 적극적으로 예술가들을 후원했는데, 이 과정에서 시모네타를 만난 예술가들은 시모네타가 미모뿐 아니라 상냥하고 매너가 좋았다고 한다. 하지만 미인박명이란 말처럼 시네모타는 스물두살 나이에 죽었다. 피렌체 예술가들에게 시네모타는 영원한 비너스로 남았을 것이다. 보티첼리도 마찬가지가 아니었을까.

〈우르비노의 비너스〉

티치아노의 〈우르비노의 비너스〉는 후대에 큰 영향을 끼친 작품이다. 베첼리오 티치아노(Vecellio Tiziano, 1488~1576년)는 베네치아 화파의 뛰어난 이탈리아 르네상스 화가로 평가된다. 초상화, 신화화, 종교화가 모두 독창적이었으며, 뛰어난 색채 사용을 보여주는 〈성모승천〉이 큰 성공을 거두었다. 스페인 황제 카를 5세의 초상화로 백작으로 임명되었고, 교황 바오로 3세의 공식 초상화를 그리기도 했다.

〈우르비노의 비너스〉는 우르비노(Urbino) 공작인 귀두발도 델라 로베레(Guidubaldo della Rovere, 1514~1574)가 작가에게 주문한 작품으로 알려졌다. 흥미로운 점은 고개를 살며시 돌리고 있는 전통적인 비너스 표현과 달리, 감상자들을 똑바로 응시하고 있다는 점이다. 이처럼 감상자의 시선을 자신에게 유도하는 여성의 표현은 이후의 서양 미술에서의 여성 누드 와상을 그리는 전형적인 방식으로 정착된다. 대표적인 예로 고야의 〈벌거벗은 마하(Nude Maja)〉(1800), 마네의 〈올랭피아(Olympia)〉(1963) 등을 꼽을 수 있다. 그밖에도 우피치 미술관에서는 카라바조, 미켈란젤로, 라파엘로, 필리포 리피 등 르네상스 거장의 명작들을 두루 감상할 수 있다.

우피치 미술관을 나오면 그 앞이 바로 시뇨리아 광장이다. 광장에는 거친 질감의 돌로 쌓아올린 베키오 궁전(Palazzo Vecchio)이 우뚝하다.

미켈란젤로 광장의 다비드 상

고대 로마 유적에 세워진 이 궁전은 1229년 시 의회의 명에 따라 지어졌다. 시뇨리아 광장에서는 조각상들을 둘러보는 재미가 쏠쏠하다. 아이러니하게도 광장의 조각상에는 메디치 가문 폭정의 역사가 숨어 있다.

우피치 미술관에서 받은 르네상스 미술의 세례 덕분에 메디치 가문에 호감을 느끼지만, 당시 피렌체 시민들은 독재적인 메디치 가문을 싫어했다. 베키오 궁전 정문 앞에는 미켈란젤로의 〈다

비드 상)과 반디넬리의 〈헤라클레스와 카쿠스〉가 서 있었다. 다
비드 상은 원래 두오모 상부 장식으로 계획한 거상 조각이었다.
하지만 덩치가 너무 커 대성당 위쪽으로 끌어올릴 방법이 없었
다. 공공예술은 시민 모두의 공유물이라는 주장으로 다비스 상
은 광장으로 나오게 됐다.

피렌체 시민들은 다비드 상을 사랑했지만, 헤라클레스 조각은
달갑게 보지 않았다고 한다. 헤라클레스가 카쿠스를 단방에 때
려눕히는 모습이 시민들의 목줄을 조이는 알레산드로 데 메디치
와 똑같다고 생각했던 탓이다. 헤라클레스 조각 앞에는 조롱과
험담을 담은 시문과 대자보가 늘 덕지덕지 붙어 있었다고 전해
진다.

'미켈란젤로'란 이름은 피렌체에서 르네상스의 세련됨과 자유
로움으로 통한다. 피렌체 시내에서 아르노 강 건너편 언덕은 '미
켈란젤로 광장'이란 이름이 붙었다. 광장에는 미켈란젤로의 다
비드 상이 우뚝 서 있다. 시뇨리아 광장에서 미켈란젤로 광장으
로 가려면 베키오 다리(Ponte Vecchio)를 건너야 한다.

베키오 다리는 아르노 강에 놓인 다리 중에서 가장 오래된 것
으로, 1345년에 건설됐다. 1944년 연합군의 추격을 받던 독일군
이 강 양쪽 기슭의 집을 모두 파괴했으나 베키오 다리만은 남겨
두었다고 한다. 원래 이 다리에는 푸줏간, 대장간, 가죽 처리장
등이 있었다. 그러다 1593년, 메디치가의 페르디난도 1세가 시
끄럽고 악취가 난다며 그들을 모두 추방해버렸다. 그 자리에 금

이탈리아(1) 토스카나와 로마

미켈란젤로 광장에서 바라본 피렌체의 노을

세공업자들이 자리 잡았다. 오늘날까지 베키오 다리의 금세공 상점들은 다양한 보석을 판매한다.

피렌체를 떠나기 전날, 노을이 질 무렵 미켈란젤로 광장을 찾았다. 이곳은 피렌체의 대표적 노을 명소다. 조망이 열린 계단에는 이미 많은 여행자들이 다양한 자세로 앉아 있었다. 그들의 사이에 나도 자리를 잡았다. 계단 뒤편의 광장에서 연주하는 버스킹 공연 덕분에 잔잔한 음악을 들으며 노을을 감상할 수 있었다. 시나브로 피렌체 대성당의 쿠폴라가, 베키오 궁전의 첨탑이, 아르노 강이 노을에 젖었다. 저물어가는 피렌체는 평화롭고, 사랑스러웠다.

ITALIA

로마
길을 찾아서

아피아 가도@Paul Hermans

로마행 밤기차에 올랐다. 나는 왜 로마에 대한 환상이 있을까? 어려서 본 영화 〈벤허〉의 영향일까. 주변에 물어보니 이런 환상은 나뿐 아니라 많은 사람이 가지고 있었다. 기차가 로마의 관문인 테르미니 역에 도착했다.

기차역의 거대한 외벽에 수영복 입은 모델 사진이 걸려 있었는데, 그 아래로 노숙자들이 누워 있었다. 안타깝지만 이것이 로마의 첫인상이었다. 기차역을 나와 숙소를 찾아갔다. 자정이 지난 시각이었지만, 아직 문을 연 가게가 있었다. 한국 컵라면이 진열된 걸 보고 나도 모르게 손뼉을 쳤다. 역시 로마는 로마다. 숙소에서 컵라면에 와인을 한 잔 하며 로마 입성을 자축했다.

다음 날, 로마의 옛 관문인 포르타 산세바스티아노(Port of San Sebastiano) 문을 찾았다. 내가 로마에서 가장 보고 싶었던 건, 콜로세움도 아니고 포로 로마노도 아니고, 길이었다. 아피아 가도(Via Appia)라 불리는 길. 원어인 'Via'는 '길', 'Appia'는 사람 이름이다. 즉, '아피아가 만든 길'이란 의미다. 아피아 가도는 세계에서 최초로 만들어진 '고속도로'다. 이 길은 기원전 312년에 당시 켄소르(감찰관)였던 아피우스 클라우디우스 카이쿠스가 만들었다. 처음에는 로마에서 남동쪽 카푸아까지 212킬로미터가 이어졌고, 기원전 244년경에는 카푸아에서 남동쪽으로 연장되어 아드리아 해 연안에 있는 브린디시까지 연결됐다.

아피아 가도의 뛰어난 점은 포장도로라는 점이다. 이 길은 수천 년이 지난 지금까지 사용될 정도로 튼튼하다. 지금의 아스팔트 도로의 수명이 50년이 채 안 되는 것에 비하면 그야말로 경이 그 자체다. 로마가 대제국을 건설할 수 있었던 밑바탕이 바로 길이다. 로마는 영토를 개척하면 먼저 도로부터 연결했다. 도로를 따라 로마의 인프라가 들어갔고, 머잖아 그곳은 로마처럼 변했다. 그렇게 로마제국은 유럽을 넘어 아프리카와 소아시아 땅에 자신을 복제했다. 로마 영토 구석구석 이런 도로가 깔렸고, 이 길을 따라 사람들은 수도 로마로 들어올 수 있었다. '모든 길은 로마로 통한다'란 말이 여기서 나왔다.

산세바스티아노 성문을 나서면 아피아 가도가 펼쳐진다. 도로에는 작은 돌이 촘촘 박혔다. 관광객은 거의 없었고, 종종 작은 차들이 느릿느릿 지났다. 조금 걷다 보니 아피아 공원(Parco Regionale Appia Antica)이 나왔다. 공원으로 들어서면 옛 아피아 가도의 흔적이 잘 남아 있다. 길 양편으로 늘어선 소나무들도 멋지다. 길 바닥의 돌을 만져본다. 2천 년 훨씬 이전의 인간들이 깔았다는 게 믿어지지 않았다.

아피아 가도 주변에 자리한 돌비석들은 무덤의 기념물들이다. 예로부터 가도 옆에는 무덤들이 늘어서 있었다고 한다. 길을 지나는 사람은 항시로 무덤을 바라봤을 것이다. 삶과 죽음이 자연스럽게 어우러지는 풍경이다.

아피아 공원에서 좀더 내려가면 갈림길이 나오는데, 여기에 도미네 쿠오바디스 성당(Basilica di Quo vadis)이 자리한다. 크기는 작지만 기독교 역사에서 매우 중요한 곳이다. 교회 정문 위에

'HAEIC PETRUS A XSTO PETIIT: DOMINE QUO VADIS' 라고 씌어 있다. 의역하면 '여기서 베드로가 그리스도께 여쭈었다: 주여, 어디로 가십니까'이다. 유명한 폴란드의 작가 시엔키에비치(Sienkiewicz, H.)의 소설 〈쿠오 바디스〉의 주요 무대가 바로 이 성당이다. 안으로 들어서면 정적이 흐르고, 왼쪽으로 시엔키에비치의 흉상이 있다.

소설에도 등장하는 베드로가 예수를 만난 이야기는 미담처럼 널리 회자된다. 당시 로마의 집정관이었던 아그리파(Agrippa)에게

쿠오바디스 성당 @LPLT

박해받은 베드로는 신도들의 권유에 따라 로마를 떠났다. 아피아 가도를 따라 남쪽으로 내려가다가 맞은편에서 걸어오는 예수를 마주쳤다. 베드로는 눈을 접시만큼 크게 뜨고 "주님, 어디로 가십니까?" 하고 물었다. 예수는 "십자가에 매달리려고 로마로 가는 길이다"라고 대답했다. 베드로는 발길을 돌려 로마로 들어갔고, 결국 지금의 베드로 성당 자리에서 십자가에 거꾸로 매달려 순교했다. 이 이야기는 사실 여부를 떠나 기독교 역사에서 베드로의 위대한 헌신을 담고 있다.

성당 안의 바닥에 돌 발자국이 찍힌 네모반듯한 반석이 눈에 띈다. 이것이 성당의 보물인 예수 발자국이다. 어느 학자는 국외 원정을 떠나는 로마 군인이 부드러운 돌에 자신의 발바닥 무늬를 남긴 것이라 추측한다. 하지만 기독교인들은 예수가 친히 남긴 발자국이라고 믿는다. 그 믿음 때문인지, 또는 돌의 흰 빛 때문인지, 돌 발자국은 찬란하게 빛난다.

로마에는 워낙 유적이 많아서 관람 동선을 잘 짜는 게 중요하다. 먼저 팔라티노 언덕(Monte Palatino)을 구경하고 포로 로마노(Foro Romano)로 내려오는 게 좋다. 팔라티노 언덕에서 로마의 장대한 역사가 시작한다. 기원전 753년이다. 늑대의 젖을 먹고 자란 쌍둥이 형제 로물루스와 레무스가 로마를 세웠다. 왕은 형인 로물루스가 차지하는데, 로마란 이름이 로물루스에서 나왔다.

로마 건국 신화에 의하면 로물루스와 레무스는 전쟁의 신 마르스의 아들이다. 어머니는 그리스인들이 트로이를 멸망시킨 후 탈출한 아이네아스의 후손 레아 실비아다. 지역 왕이었던 아이들의 종조부 아물리우스는 종조카들이 자신의 왕위를 위협할까 두려워 태어나자마자 그들을 숲속에 버렸다. 그러자 암늑대가 이 아이들을 새끼

팔라티노 언덕 전망대

들과 함께 젖을 먹여 키웠다. 쌍둥이는 어른으로 자라 아물리우스를 폐위하고, 적법한 왕인 할아버지 누미토르를 왕위에 다시 앉혔다. 자신들은 일곱 언덕 중 하나인 팔라티노 언덕을 택해 나라를 세웠다. 이탈리아 관광지에서 흔히 볼 수 있는, 늑대가 인간에게 젖을 먹이는 조형물은 로마의 건국 신화를 상징한다. 팔라티노 언덕에는 황제의 궁전과 귀족들의 거주지가 있었지만, 지금은 고즈넉한 폐허다.

팔라티노 언덕에서 포로 로마노로 내려오기 전에 전망대가 있다. 세라토리오 궁전 테라스를 찾으면 된다. 정원 옆으로 사람들이 많이 서 있는 곳이 전망대다. 여기서 콜로세움부터 포로 로마노까지가 한눈에 들어온다. 폐허의 포로 로마노 위를 갈매기가 유유히 나는 모습이 평화롭다. 여기서 둘러봐야 할 건물들을 확인해보는 것도 좋다.

포로 로마노의 '포로(Foro)'는 광장(Forum)이란 뜻이다. 신전, 바실리카(공회당), 기념비 등의 건물들로 구성된 로마인들의 광장이다. 캄피폴리노와 팔라티노 언덕을 중심으로 한 일곱 개의 언덕 위에 세워진 도시국가인 고대 로마에서는 귀족들의 영토 쟁탈전이 쉼없이 벌어졌다. 언덕 아래 계곡은 그 일곱 언덕 위에 살던 사람들이 모이는 집회 장소였다. 나중에는 정치, 경제, 종교의 중심지로 발전하면서 약 천년 동안 로마제국의 심장 역할을 했다.

포로 로마노에 들어서면 방향을 헷갈리기 일쑤다. 우선 티투스 개선문(Arco di Tito)부터 관람하는 게 좋다. 개선문은 전투를 마치고 고향으로 돌아오는 군대를 환영하기 위해 만들어졌다. 그래서 웅장한 승리 행렬이 벌어지는 핵심적인 장소였다. 고대 로마에는 적어도 34개의 개선문이 세워졌는데, 티투스 개선문은 현존하는 것 중에서 가장 오래됐다.

티투스 개선문은 티투스 황제가 예루살렘을 정복한 역사를 담고 있다. 이 말은 옛 유대 왕국인 유다의 멸망을 담고 있다는 말과 같다. 기원전 4년 로마는 유다를 직접 통치했다. 로마는 유연하고 개방적인 동화 정책을 펼쳤다. 덕분에 쉽게 로마화됐지만, 종교적 정체성이 너무나 강한 유대인들은 로마제국을 거부했다. 66년에 봉기가 일어났다. 과거 유다 북부의 반란군을 제압했던 전력이 있는 신임 황제 베스파시아누스는 69년에 아들 티투스를 보내 예루살렘의 반란을 진압하도록 했다. 70년 9월 7일, 로마군의 포위 공격이 거의 다섯 달 지속된 끝에 예루살렘은 함락됐다.

티투스 황제 개선문은 81년 티투스가 사망한 직후 그의 뒤를 이어 황제로 즉위한 동생 도미티아누스의 명에 따라 세워졌다. 황제가 천상의 전차를 타고 승리의 여신이 씌워준 왕관을 쓴 채 퍼레이드하는 모습, 로마군이 유대교의 상징인 메라노를 약탈하는 모습 등이 섬세하게 새겨져 있다. 개선문 꼭대기에는 라틴어로 '원로원과 로마 시민이 신성한 베스파시아누스의 아들이자 신성한 황제인 티투스 베시파스아누스에게 바친다'라고 쓰여 있다.

개선문을 지나 조금 내려가면 벽돌로 쌓은 아치형 구조물이

티투스 황제가 예루살렘을 정복한 역사를 담고 있는 티투스 개선문

로마군이 유대교 상징인 메라노를 약탈하는 모습이 담긴 티투스 개선문 부조

나온다. 여기가 막센티우스 바실리카(Basilica di Massenzio)다. 306년에 세운 건물로서 콘스탄티누스 바실리카라고도 하며, 포로 로마노에서 가장 큰 건물이었다. 지금은 세 개의 거대한 아치형

콘스탄티누스 개선문

천장만 남아 있다. 천장은 원래 도금된 타일로 장식했었지만, 7세기경 바티칸의 성 베드로 성당 지붕을 만들기 위해서 떼어졌다고 한다.

다음은 로물루스 신전(Tempio del Divo Romolo)을 만난다. 막센티우스 황제가 그의 아들인 로물루스가 먼저 죽자 아들을 기리기 위해 세운 사당이라고 한다. 당시 출입문으로 만든 청동문은 아직도 사용 중이고, 그 앞에 내걸린 자물쇠는 아직도 작동한다고 한다. 내부에는 벽화가 남아 있고, 조각상들이 전시되어 있다.

안토니우스와 파우스티나의 신전(Tempio di Antonino e Faustina)은 로물루스 신전 옆에 자리한 6개의 미끈한 기둥이 뻗어 있는 신전이다. 포로 로마노에서 보존 상태가 가장 좋은 건물이며, 안토니우스 황제가 파우스티나 황후를 기리기 위해 만들었다고 한다. 이후 황제가 죽자, 원로원이 두 사람을 함께 기리는 신전으로 명명했다고 한다.

베스타 신전(Tempio di Vesta)은 불의 여신 베스타를 위한 신전으로, 기원전 6세기에 지어졌다. 본래는 20개의 기둥으로 둘러싸인 원형 건물이었다고 한다. 6명의 처녀 사제 베스탈들이 성화가 꺼지지 않도록 지켰다. 로마의 평화를 위해 성화 지키는 임무를 부여받은 베스탈은 엄격한 자격을 통해 선발되었으며, 30년 동안 불을 지키는 일만 담당했다.

셉티미우스 세베루스 개선문(Arch of Septimius Severus)은 로마의 20대 황제인 셉티미우스 세베루스가 본인의 즉위 10주년과 두

아들의 승전을 기념하기 위해 세운 개선문이다. 셉티미우스 세베루스는 193년부터 211년까지의 로마 황제로 아들 카라칼라에게 황제 자리를 물려주면서 로마 황제 자리의 세습제를 사실상 시작한 황제라고 한다.

포로 로마노 다음은 콜로세움을 볼 차례다. 콜로세움 앞에서 당당하게 빛나는 건물은 콘스탄티누스 개선문(Arch of Constantine)이다. 콘스탄티누스(274~337)는 기독교를 로마의 사실상의 국교로 정립하고, 수도를 로마 대신 비잔티움, 지금의 이스탄불로 옮긴 황제다. 그는 새로운 로마를 세웠으며, 그 영향은 로마가 사라진 이후에도 서양 문명에 결정적인 힘으로 작용했다.

콜로세움

콘스탄티누스 개선문은 콘스탄티누스 1세가 '밀비우스 다리의 전투'(312)에서 거둔 승리를 기념하여 착공해 315년에 완성했다. 높이 21미터, 폭 25.7미터이며, 3아치 형식으로 앞면에 부조가 있다. 트라야누스, 하드리아누스, 마르쿠스 아우렐리우스 3제 시대의 부조판을 다시 이용하여 공사 기간을 단축했다고 한다. 개선문에는 다음과 같이 쓰여 있다. "콘스탄티누스 황제에게 신의 영감과 숭고한 정신으로 나라를 위해 정의의 무기로 폭군과 그의 일파에 복수하였으므로 이에 로마의 원로원과 시민은 승리의 증표로 이 개선문을 헌정한다."

콜로세움 앞은 여행객들로 항상 붐비는 장소다. 콜로세움은 밖에

콜로세움 내부

서 보는 것만으로도 경이롭다. 저 우아하고 아름다운 원형경기장에서 검투사와 맹수의 피비린내 나는 싸움이 벌어졌다. 검투사의 싸움 외에도 사파리나 서커스 같은 볼거리도 있었다고 한다. 왜 로마 시민들은 이런 잔인한 경기에 환호했을까?

콜로세움은 70년경 베스파시아누스 황제에 의해 건설이 시작되었으며, 80년에 건축이 끝나 100일 축제 동안 그의 아들인 티투스 황제가 개막식을 올렸다. 온천 침전물 대리석으로 건축된 이 커다란 원형 건물에서 검투사 경기가 열렸다. 무려 5만 명 정도의 관객을 수용했다고 한다. 중세에 콜로세움은 교회로 쓰였으며, 그 후에는 저명한 로마 가문의 요새를 거쳐 오늘에 이르고 있다. 그밖에 로마의 유명 관광지들을 열심히 돌아봤다. 로마는 여행이 아니라 한 달쯤 살아야 제대로 볼 수 있겠다.

S I C I L I A

5
이탈리아(2) 시칠리아

팔레르모
시칠리아의 수도

시칠리아의 상징인 트리나크리아 깃발

쿵! 비행기는 팔레르모 공항에 거칠게 내려앉았다. 뺨바바~ 음악 나오고 사람들은 손뼉을 쳤다. 박수 소리가 정겨웠다. 잠시 우리나라 1990년대로 돌아간 느낌이 들었다. 팔레르모는 시칠리아의 주도(主都)로, 기원전 8세기경 페니키아인들이 세운 식민도시로 출발했다.

괴테는 〈이탈리아 기행〉에서 "시칠리아를 보지 않고서 이탈리아를 말하지 말라"고 했다. 그는 나폴리에서 배를 타고 사흘 만에 팔레르모항에 도착했다. 사흘 동안 배 안에서 고생한 터라 섬 풍경에 더욱 감동했으리라. 공항버스를 타고 팔레르모 시내로 넘어오는데 창밖으로 거대한 바위산이 우뚝했다. 펠리그리노라는 이름의 꽤 유명한 바위봉이다. "거대한 암석 덩어리인 펠리그리노는 높다기보다는 넓으며, 팔레르모 만의 북서단에 있다. 그 아름다운 자태는 말로 표현할 수 없다"라고 괴테는 인상적으로 묘사했다.

우선 팔레르모 명소를 찾아 나섰다. 거리는 어수선했다. 피사와 피렌체에서 보았던 세련됨은 없었다. 투박해서 오히려 편하기도 했다. 대성당 가는 길에 발라로 시장 골목으로 들어섰다. 골목은 활기가 넘쳤다. 문어 가게 주인장의 호객 행위는 우리나라 남대문 시장 저리가라다. 너도나도 사람들이 모여 문어를 먹었다. 발라로 시장의 길거리 음식은 관광객 사이에서 제법 유명하다.

시장을 걷다 보면 가게에 걸어놓은 깃발이 눈에 띈다. 깃발에는 시칠리아의 상징인 트리나크리아(Trinacria)가 그려져 있다. 그리스 사람들은 시칠리아의 생김새가 삼각형 모양이라 트리나크리아라고 불렀다. 현재 시칠리아에서 트리나크리아는, 다리가 셋이고 가운데 메두사 얼굴이 박힌 형상으로 표현한다. 시칠리아 사람들은 이런 기이하고 무서운 상징을 자랑스럽게 쓰고 있다. 왜 하필 얼굴이 메두사일까? 이를 속 시원하게 설명하는 곳이 없다. 오랜 세월 외세에 점령당했지만 길들여지지 않는 시칠리아 사람들의 마음을 표현하는 건 아닐까 싶다.

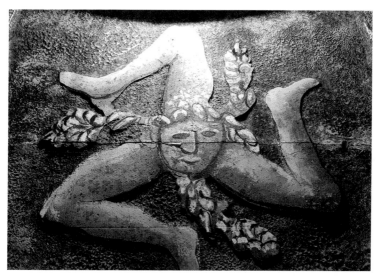

시칠리아의 상징인 트리나크리아

그리스 신화에 나오는 메두사는 원체 복잡하다. 본래 고르고 네스 세 자매 중 하나로, 금발의 아름다운 여인이었다. 이런 여인을 그리스 신들이 가만 놔둘 리 없다. 포세이돈이 아테나의 신전에서 메두사와 사랑을 나눴다. 이를 본 아테나는 메두사의 자랑인 아름다운 머리카락을 하나하나 실뱀으로 만들어버리고 그녀를 흉칙한 괴물로 만들어버렸다. 메두사의 얼굴은 너무나 무시무시해 사람들이 그 얼굴을 보기만 해도 돌로 변해버린다. 결국 메두사는 페르세우스에 의해 목이 잘려 죽는다.

세 개의 다리 중 맨 왼쪽은 아프리카와 가깝고, 오른쪽은 이탈리아반도 끝자락과 거의 붙어 있으며, 맨 아래쪽은 그리스 반도를 향해 열려 있다. 이런 지형에 따라 시칠리아는 가까운 쪽의 영향을 받았다. 시칠리아 서쪽의 팔레르모 일대는 카르타고의 식민지였고, 동쪽 카타니아와 시라쿠사 일대는 그리스의 식민지였다. 결국 시칠리아는 힘이 세진 로마의 품에 안긴다. 로마는 카르타고와 전쟁을 치렀다. 이것이 그 유명한 포에니 전쟁이다.

트리나크리아는 시칠리아 지역마다 생긴 게 조금씩 다른데, 메두사의 머리에서 밀이 비쭉 튀어나온 게 널리 쓰인다. 밀은 시칠리아의 풍요로움을 상징한다. "밀을 우선적으로 우리에게 보낸다." 이것은 로마가 시칠리아에서 카르타고를 쫓아내고 내건 첫째 조건이었다. 그만큼 시칠리아는 풍요로웠다.

시장 길을 따라 걷다 보면 팔레르모 대성당에 닿는다. 성당은 여러모로 특별하다. 화려한 고딕 양식, 돔을 올리는 비잔틴 양식,

팔레르모 대성당

성채 같은 느낌을 주는 아랍 양식 등이 뒤섞였다. 이는 시칠리아
의 다사다난한 역사를 웅변적으로 보여준다. 지중해의 패권을
장악한 나라가 풍요로운 시칠리아를 지배했다. 시대 순으로 카
르타고, 고대 그리스, 로마제국, 아랍, 노르만족, 독일과 프랑스,
스페인 등이 주인 노릇을 한 것이다.

이탈리아(2) 시칠리아

팔레르모 대성당 내부

팔레르모 대성당은 12세기 시칠리아를 접수한 노르만 왕조가 지진으로 무너진 모스크가 있던 자리에 다시 지었다. 성당은 600년 세월 동안 다양한 문화의 복합건축 양식이 반영됐다. 이런 점이 높게 인정되어 세계문화유산으로 지정됐다. 지정된 이

노르만 궁전

름이 '아랍-노르만 팔레르모와 체팔루 및 몬레알레의 성당 교회'다.

여기에는 팔레르모 대성당, 체팔루 대성당, 몬레알레 대성당, 왕궁과 팔라티나 예배당(Cappella Palatina), 치사(Zisa) 성, 산 조반니 델리 에레미티(San Giovanni degli Eremiti) 성당, 산타 마리아 델라미랄리오(Santa Maria dell'Ammiraglio) 성당, 산 카탈도(San Cataldo) 성당과 폰테 델라미랄리오 다리(Ponte dell'Ammiraglio) 등이 속한다.

선정 사유가 제법 거창하다. "각 유산은 12세기 시칠리아 노르만 왕국의 가장 두드러진 특징인 서유럽-이슬람-비잔틴 사이의 다문화적 융합의 중요한 특징을 표현하고 있다. 건축 형태 및 구조나 자재뿐 아니라 심미적·장식적 기법은 물론이고 풍성하고 광범한 티세라(tessera) 모자이크와 오푸스 세크틸레(opus sectile) 공법을 적용한 포장도로, 마르퀘트리(marquetry) 기법, 조형적 요소, 회화, 세부 마감 등에서 가장 두드러진 도상적 기법의 혁신적인 재합성(innovative re-elaboration)을 보여주고 있으며, 이는 다민족·다인종의 평화적 공존이 맺은 풍요로운 결실이다."

대성당의 전면 출입구 쪽의 파사드부터 복합적이다. 고딕 양식의 아치 출입문 위 벽에는 비잔틴 양식의 모자이크로 성모가 그려져 있다. 맨 왼쪽 기둥에는 코란이 새겨져 있다. 노르만 왕국은 왜 그걸 지우지 않았을까. 아랍 문화까지 받아들인다는 정복자의 자부심일까?

안으로 들어서자 웅장하고 장엄한 느낌이 물씬 들었다. 벽에

노르만 궁전 내부

그리스 조각상들을 배열해놓은 것이 마치 미술관 같기도 하다.
성당 내부는 노르만 고딕 양식을 기본으로 하는데, 1771년부터
1809년까지 피렌체의 건축가인 페르디난도 푸가에 의해 네오클
래식 양식으로 바뀌었다고 한다. 맨 오른쪽으로 보물을 모은 곳
과 지하 무덤으로 가는 길이 있다.

지하 무덤에는 노르만 왕조의 전성기를 열었던 루제로 2세, 그의 딸 콘스탄스, 그의 남편 하인리히 4세(신성로마제국 황제), 두 부부의 아들 페데리코 2세(신성로마제국 황제)의 무덤이 있다. 루제로 2세와 페데리코 2세는 학문과 예술을 후원하고, 종교적 차별을 거부했다.

노르만족은 종종 극악무도한 해적으로 묘사된다. 하지만 시칠리아를 지배했던 당시에는 세계사에 의미 있는 발자국을 남겼다. 팔레르모에 있는 노르만 궁전이 대표적이다. 먼저 있던 아랍의 유산을 수용하고 당시 선진국 비잔틴 제국의 양식을 따르고 거기에 자기 문화를 접목했다. 아마도 세상에서 유일무이한 건축물이 아닐까? 해적이 아니라 문명 융합의 창조자라 할 만하다. 암흑기였던 중세시대에 찬란한 문화를 꽃피웠다.

궁전에 들어가면 우선 1층 역사관을 둘러보게 되는데, 노르만족에 대한 배경지식을 알려준다. 붉은색이 감도는 우아한 대리석 계단을 따라 2층으로 오르면 팔라티나 예배당이 나온다. 프랑스 작가 모파상은 "세계에서 가장 놀라운 예배당이자, 인간이 꿈꿀 수 있는 가장 놀라운 종교적 보석이다"라고 극찬했다. 안으로 들어서면 입이 쩍 벌어진다. 예배당 천장이 금빛 찬란한 모자이크로 반짝인다. 구약성서와 신약성서의 내용을 바탕으로 예수와 열두 제자들의 이야기가 그려져 있다.

모자이크에는 아랍어와 라틴어가 유장하게 흐르며 천장에는 아랍 양식인 뿔 달린 별이 가득하다. 마치 어두운 천장에서 별들이 반짝이는 것 같다. 과연 '세계에서 가장 놀라운 예배당'이란 극찬이 아깝지 않았다. 어떻게 이런 문화의 공존이 가능했을까?

시칠리아는 6세기부터 12세기까지 주인이 세 번 바뀌었다. 두 번은 그리스도교, 한 번은 이슬람 세력이다. 6세기 비잔티움 제국은 시칠리아를 정복했다. 그리스인들은 세련된 비잔티움의 예술과 문화를 시칠리아에 들여왔다. 9세기 초부터 11세기까지는 북아프리카의 이슬람 세력이 시칠리아를 차지했다. 이슬람 통치자들은 종교적 자유를 보장했다. 덕분에 시칠리아의 그리스인, 유대인 등이 자신의 종교를 유지할 수 있었다.

1091년 북유럽의 노르만족이 시칠리아를 정복함으로써 섬의

팔라티나 예배당

주인은 다시 그리스도교로 바뀐다. 노르만족 역시 종교적 관용 정책을 그대로 유지했다. 특히 루지에로 2세(1130~1154 재위)는 그리스도교 군주였음에도 불구하고 스스로 이슬람 문화를 배우고 아랍어를 익히며 시칠리아의 전성기를 이끌었다. 당시 유럽이 십자군 전쟁의 광풍이 불었던 시기임을 생각하면 매우 이례적인 일이다.

팔라티나 예배당의 벽과 천장

SICILIA

체팔루
영화 〈시네마 천국〉을 찾아서

로카에서 본 체팔루

노르만 궁전을 나와 체팔루행 기차를 탔다. 팔레르모에서 불과 40분 만에 체팔루역에 도착했다. 그래 여기다! 기차역에 내리자마자 알아차렸다. 이곳이 나의 기대를 저버리지 않으리라는 것을. 체팔루는 다름아닌 〈시네마 천국〉의 현장이었던 것이다.

구시가지 대성당 방향으로 걸어오면서 이미 나는 체팔루의 매력에 쏙 빠져들었다. 로카라 불리는 바위산이 왕관처럼 우뚝하고, 그 아래 옹기종기 집들이 자리잡았다. 골목에는 개성 넘치는 상점들이 즐비했다. 마침 숙소가 대성당 앞이다. 숙소 직원이 옥상을 사용할 수 있단다. 올라가보고 탄성을 질렀다. 대성당과 로카가 한눈에 들어오고 반대편으로 바다가 펼쳐졌다. 다른 숙박객들은 올라오지 않았으므로, 옥상은 온전히 내 차지였다.

짐을 풀고 우선 대성당으로 향했다. 늦은 시간이지만 성당 안에서는 미사를 보고 있었다. 대성당 계단은 앉아 쉬기 좋다. 사람들이 편안하게 앉은 모습이 보기 참 좋았다. 골목을 따라 바닷가로 나갔다. 바닷가 부두 같은 곳이 〈시네마 천국〉에서 그 유명한 야외 영화관 신을 찍은 곳이다.

〈시네마 천국〉의 감독인 주세페 토르나토레의 고향은 팔레르모와 체팔루 사이의 바게리아(Bagheria)란 곳이다. 아마도 그는 체팔루를 손금 보듯 훤히 알 것이다. 여기서 '야외 영화 신'을 구상하고 얼마나 좋아했을까.

〈시네마 천국〉을 떠올려본다. 영화관이 불타자 바닷가에서 야외 상영을 한다. 사람들은 바닷가에서 야외 영화를 보면서 너무

영화 〈시네마 천국〉의 촬영 현장인 체팔루 해변

나 좋아한다. 의자도 있지만, 배에서 공짜로 보는 사람들도 제법 많다. 여기서 주인공 토토와 여주인공의 키스신도 나온다. 그때 흘러나오는 엔리오 모리꼬네의 영화음악은 얼마나 서정적이었던가.

동네 사람들과 관광객들은 잘 모른다. 〈시네마 천국〉의 명장면이 여기서 촬영되었다는 걸. 아예 영화 〈시네마 천국〉 자체를 모르는 사람들도 많았다. 아마도 〈시네마 천국〉은 한국인들이 가장 사랑하는 영화 중 하나일 것이다. 체팔루를 찾은 한국인은

바위산인 로카로 오른 길. 로카는 천혜의 요새다.

대개 〈시네마 천국〉의 소문을 따라 온 사람들이다.

밤에 숙소 옥상에 올랐다. 조명이 들어온 바위산 로카와 대성당이 어울려 분위기가 기막히다. 대성당 앞 너른 공간에는 식당에서 내놓은 테이블이 많아 한밤에도 시끌벅적하다. 시끄러우니 나도 거리낌이 없다. 〈시네마 천국〉 음악을 찾아서 크게 틀고, 와인 잔을 기울였다. 체팔루의 밤이 로맨틱하게 깊어갔다.

세계문화유산인 체팔루 대성당은 아랍과 비잔틴 양식이 뒤섞인 노르만 궁전의 연장선에 있다. 노르만 왕조(1130~1194)의 로제르 2세의 명에 의해 1131~1140년 만들어졌다. 노르만 궁전을 설명할 때 언급한 '아랍 노르만 팔레르모 그리고 체팔루 대성당과 몬레알레 대성당' 문화유산 중 하나다.

대성당은 웅장하나 위압적이지는 않다. 양쪽 탑이 균형을 잡아 안정적이다. 파사드와 기둥머리 조각 등은 프랑스 노르만 양식의 로마네스크 계열과 관계가 있고, 바깥벽 장식은 이슬람적 요소이고, 모자이크는 비잔틴 양식이다. 이처럼 로마네스크, 아랍, 비잔틴 요소가 뒤섞여 있다. 티켓을 끊으면 대성당의 유물전시장, 옥상, 후원 등을 구경할 수 있다. 내부 모자이크로 만든 예수상은 노르만 궁전의 예배당에서 본 것과 매우 비슷했다. 회랑

체팔루 대성당 앞

은 아랍적 요소가 가득한데, 기둥의 다양한 장식이 화려했다.

대성당을 구경했으면, 바위산인 로카를 산책할 차례다. 그런데 바람이 세다고 출입구를 막아놨다. 잠시 당황했지만, 그래도 올라가보기로 했다. 조금 오르자 조망이 열렸다. 그런데 아뿔싸, 성문에 자물쇠가 채워져 있었다. 주변을 아무리 둘러봐도 들어갈 공간이 없다. 할 수 없이 내려와 지도를 보고 다른 길을 찾아나섰다. 그런데 그야말로 난공불락이었다. 성문 말고는 오를 수 있는 공간이 없었다. 할 수 없이 포기하고, 다음을 기약했다.

다음 날은 아그리젠토로 떠나는 날이지만, 로카를 둘러보고 가기로 했다. 다행히 바람이 잠잠했다. 서둘러 성을 찾았다. 매표

체팔루 대성당 내부

로카에서 바라본 지중해

소가 열렸다. 성문도 활짝 열렸다. 이 작은 성문이 유일한 통로
다. 지형적으로 협곡에 성을 이중으로 쌓았다. 날이 좋아지면서
휘파람이 절로 났다. 밤에 조명이 켜지는 십자가 앞에서 조망이
넓게 열렸다. 와! 감탄사가 터져나왔다.

성당 건물 아래로 체팔루 마을의 주황색 지붕들이 가지런히 펼쳐지고, 그 뒤로 푸른 바다가 넘실거렸다. 크로아티아의 두브로브니크 풍경이 부럽지 않았다. 햇빛이 나면서 풍경은 더욱 깊어졌다. 십자가에서 좀더 오르면 정상(Parco della Rocaa)이 나온다. 여기도 성곽이 둘러싸고 있었다. 아직 버티고 선 성벽, 허물어진 성벽 무너져 흩어진 돌들이 폐허의 풍경을 구성한다. 폐허는 자연스럽다. 폐허는 마음을 편하게 해준다. 조망은 시칠리아 북쪽 해안선이 한눈에 들어왔다. 하염없이 지중해의 수평선을 바라보다가 마을로 내려왔다.

SICILIA

아그리젠토
그리스보다 그리스적인

헤라클레스 신전

다시 기차에 올랐다. 체팔루에서 아그리젠토까지 멋진 기차여행이었다. 구릉과 들판 사이를 기차가 달린다. 예쁘고 서정적인 영국의 들판과 느낌이 달랐다. 이곳 들판은 기름져 보이고, 다소 야성적이었다. 아그리젠토에 도착해 먼저 신전의 계곡을 찾아갔지만, 주룩주룩 비가 내렸다. 다음날을 기약하며 발길을 돌렸다.

다음날, 신전의 계곡에 도착했을 때 날이 개기 시작했다. 운 좋게 비가 갤 때 둘러보니 더욱 신비로웠다. 고대 그리스는 자신의 땅과 가까운 시라쿠사 지역을 중심으로 시칠리아를 자신의 땅으로 만들었다. 그리스인들은 새로운 땅에 신전과 극장을 지었다.

헤라클레스 신전

로마인들이 길을 닦고 로마의 인프라를 구축하는 것과 차이가 있다.

시칠리아에는 신전과 극장이 제법 많이 남아 있다. 티켓을 끊고 들어가 가장 먼저 만나는 디오스트리 신전은 기둥 두 개만 남

콩코르디아 신전

왔다. 그 앞에 무너진 기둥들이 눈부시게 빛났다. 다음은 여덟 개의 기둥만 남은 헤라클레스 신전이 나왔다. 두툼한 기둥에서 힘이 느껴졌다. 허물어진 기둥 뒤로 높은 언덕에 자리한 아그리젠토 시내가 보였다. 제우스의 신전은 거의 다 부서졌다. 바닥에는 신전 기둥으로 쓰인 거인 형상의 돌이 있었다. 제우스 신전답게 특별하게 기둥을 만든 것이었다. 거인 형상은 여기서 보면 실감나지 않는다. 하지만 박물관에 가면 그 규모와 섬세함을 확인할 수 있다.

신전의 계곡에서 가장 보존 상태가 좋은 신전은 콩코르디아 신전이다. 보존 상태가 그리스 파르테논 신전과 견줄 만하다. 파르테논 신전에서 나온 보물들은 강대국들이 다 훔쳐갔다. 출토품이 잘 남은 이곳 신전이 더 의미 있을 수도 있겠다. 신전 앞에는 폴란드 조각가가 만들었다는 이카로스 청동상이 모로 누워 있는데, 정말로 이카로스가 여기 떨어진 것 같았다. 아버지 다이달로스의 말을 안 듣고 태양에 너무 가까이 가서 추락한 이카로스의 모습은 짠하면서도 강렬하다. 마지막으로 제우스의 아내 헤라 신전이 나온다. 제우스도 꼼짝 못하는 헤라는 질투의 여신으로 알려졌는데, 일부 무너진 신전의 모습도 예사롭지 않았다. 왠지 콩코르디아 신전보다 더 멋져 보였다.

신전을 다 둘러봤으면 박물관을 볼 차례다. 찾아가기가 헷갈리지만, 꼭 봐야 한다. 콩코르디아 신전 앞쪽에 밖으로 나가는 문이 있다. 그곳으로 나가서 도로를 따라 10분쯤 올라가야 한다.

박물관에 전시된 제우스신전의 기둥

그리스 사람들은 자신들이 어떻게 살았는지 도자기에 그려 넣었다.

박물관에서는 우아하고 놀라운 그리스 문화의 정수를 만날 수 있다.

그리스인들은 도자기에 자신들의 모습을 생생하게 그려넣었다. 도자기의 그림만 봐도 그리스 사람들이 어떻게 살았는지 알 수 있을 정도다. 압권은 제우스 신전의 거인 기둥이다. 신전의 기둥에 거인의 형상을 조각해 놓았다. 거인이 두 팔을 위로 올려 신전을 떠받치는 형상은 신전을 더욱 돋보이게 한다. 거인의 모습은 세월이 많이 흘렀는데도 생생하다. 당시 신전의 모습은 얼마나 웅장했을까. 거인의 다른 얼굴 세 개도 전시되어 있는데, 그중 가운데 얼굴이 생생하다. 기둥 하나에도 이런 섬세함과 웅장함을 표현했다니, 실로 충격적이었다.

SICILIA

타오르미나
세상에서 가장 아름다운 극장

타오르미나의 그리스극장

모파상은 "단 하루의 시간이 주어진다면 망설임 없이 타오르미나를 봐야 한다"고 했다. 아그리젠토에서 버스를 타고 카타니아로 넘어왔다. 팔레르모가 시칠리아 서쪽의 수도라면, 카타니아는 시칠리아 동쪽의 수도라 할 만하다. 팔레르모가 카르타고, 로마, 아랍, 노르만 등의 영향을 받았다면, 카타니아는 전적으로 그리스의 영향을 받았다.

타오르미나에 도착해 그리스 극장을 먼저 찾았다. 타오르미나는 고대 그리스인들이 만든 휴양도시다. 그 당시에 벌써 휴양을

그리스 극장

마돈나 교회 앞에서 본 타오르미나 마을

했다니 놀라울 뿐이다. 극장은 극장이면서 전망대다. 극장의 무대 너머로 3000미터 높이의 에티나 화산이 우뚝하고, 산꼭대기에서 길게 능선이 흘러 바다와 만난다. 바다에는 크루즈가 한가롭게 떠 있었다. 하염없이 넋 놓고 앉아 있기 좋다. 지형적으로 반원형으로 만들었다. 나머지 반원은 바다와 에티나 화산이 그 자리를 차지했다.

발걸음을 타오르미나 성 방향으로 옮겼다. 극장에서 보니 우뚝한 바위산 위에 성이 보였다. 도로를 빠져나와 지그재그 길에

마돈나 교회 내부

오른다. 알고보니 마돈나 교회(Chiesa Madonna della Rocca)로 가는
유서 깊은 길이다. 길바닥을 돌과 빨간 벽돌로 꾸민 모습이 경건
하다. 계단을 따라 고도가 높아지면서 타오르미나 마을이 한눈
에 펼쳐졌다. 마을 뒤로 거대한 암벽이 우뚝한데, 그리스 극장은
암벽의 오른쪽을 깎아서 만들었다. 저곳에 극장을 세운 그리스
예술가의 안목이 새삼 존경스러웠다.

  마돈나 교회 예배당 안으로 들어가자 암벽이 드러났다. 마치
동굴 속의 예배당 같았다. 교회 위쪽으로 성으로 올라갈 수 있는

카스텔 몰라

데 성문은 잠겨 있었다. 타오르니마 반대쪽 조망이 열려 카스텔 몰라(Castel Mola)가 도도하게 나타났다. 카스텔 몰라는 그야말로 '천공의 성'처럼 보인다. 거대한 암벽 위에 마을이 올라앉아 있다.

카스텔 몰라 성벽

그 모습을 보고 내처 걸었다. 애초 계획은 아니었지만, 그냥 올랐다. 도로를 지나 골목을 휘휘 돌아 몰라의 입구인 광장에 들어섰다. 산꼭대기에 이런 큰 공간이 있을 줄 누가 알았으랴. 광장에서 계단을 더 오르면 성곽이 남아 있는 꼭대기가 나왔다. 허물어진 옛 성터가 애잔했다.

SICILIA

시라쿠사
시칠리아의 영광

오르테지아 섬

타오르미나에서 카타니아로 돌아와 시칠리아의 동남쪽 시라쿠사로 향했다. 시라쿠사는 시칠리아에서 지형적으로 그리스와 가장 가까워 오래전부터 그리스의 식민도시였다. 시라쿠사의 볼거리는 크게 고고학 공원과 구도심인 오리티지아 섬이다. 주요 관광지는 모두 오리티지아 섬에 몰려 있다.

먼저 고고학 공원에 들렀다. 공원에는 기원전 4세기에 강대한 도시국가로 발전했던 시라쿠사의 영광이 남아 있다. 그리스 극장과 로마 원형경기장, 동굴인 '디오니소스의 귀' 등을 둘러볼 수

고고학공원 안의 그리스극장

있다. 검표소를 통과하면 로마 극장의 흔적이 살짝 보인다. 공사 중이라 그냥 통과한다. 그리고 나무 계단을 좀 오르면 그리스 극장이 나타난다. 흰 빛의 대리석이 눈부시게 빛난다. 약 1만 6,000명을 수용할 수 있는 규모인데, 안타깝게도 공사 중이다. 극장 좌석은 대리석을 깎아서 만들었다. 멀리 바다가 아스라하다. 극장은 지금도 공연이 열린다고 한다. 그리스 시대의 극장이 아직도 살아 있는 셈이다.

극장을 내려와 뒤로 돌아가면 호젓한 숲이 나오는데, 여기는 옛 채석장이다. 숲길을 따라 걸으면 '디오니시오의 귀(Orecchio di Dionisio)'라고 불리는 거대한 석회암 동굴이 나온다. 단체로 온 학생들이 동굴 안에서 노래를 부른다. 나도 아~ 아~ 목소리를 높여 울림을 시험해본다. 소리가 크게 울린다.

이 동굴은 예전 시라쿠사의 폭군이었던 디오니소스 1세가 정적들을 가둔 감옥으로 사용했다고 한다. 작은 소리도 크게 들리는 동굴의 특성을 이용해, 이곳에서 이야기하는 모든 말소리를 들었다고 한다. 듣지 말아야 할 것까지 듣는 건 좋은 일이 아니다. 동굴은 높이 23미터, 넓이 11미터, 깊이 65미터에 달하는 규모다. 1608년 10월, 바로크 회화의 개척자 카라바지오는 몰타 감옥을 탈출하여 시라쿠사로 왔다. 카라바지오는 이 동굴을 보고 '디오니시오의 귀'라고 했다.

고고학 공원을 둘러봤으면, 이제 구도심인 오리티지아 섬을 방문할 차례다.

고고학공원 안에 자리한 석회암 동굴 '디오니시오의 귀'

버스나 도보나 걸리는 시간이 비슷해 일단 걷는다. 30분쯤 가면 다리를 건너 오리티지아 섬으로 들어선다. 먼저 나오는 건 아폴로 신전. 기원전 4세기에 만들어졌다고 하는데, 지금은 폐허다. 사연 많은 돌무더기들이 굳게 입을 다물고 있다.

아폴로 신전 앞 광장에서 두 개의 전시회 안내판이 눈에 띈다. 하나는 아르키메데스이고, 다른 하나는 카라바지오다. 아르키메데스는 목욕탕에서 부력의 원리를 깨닫고 "헤우레카(유레카!)"라고 외쳤던 바로 그 사람이다. 그는 고대 그리스의 수학자지만, 태어난 곳은 시라쿠사다. 그가 만든 지렛대의 원리를 이용한 투석기는 로마군을 무찌르는 데 일등공신이었다. 시라쿠사가 낳은 대표적 인물이다.

카라바지오는 몰타 감옥에서 탈출해 시라쿠사에 잠시 머물면서 석 점의 그림을 그렸다. 두 전시 모두 보고 싶지만, 시간이 없다. 꿀꺽 침을 삼키고 넘어갔다. 골목길을 따라 성당을 찾아갔다. 눈부신 백색 대리석이 보인다면 거기가 시라쿠사 대성당 광장이다. 광장은 흰 대리석 덕분에 눈을 뜨기가 힘들 정도로 눈부시다. 이 광장을 모니카 벨로치가 하이힐을 신고 도도하게 지나갔다. 영화 〈말레나(Malena)〉의 한 장면이다. 〈말레나〉는 〈시네마 천국〉을 감독한 주세페 토르나토레 감독의 2000년도 작품이다. 영화에는 시라쿠사 오리티지아 섬의 아름다움이 듬뿍 드러난다.

시라쿠사 대성당은 시라쿠사의 주인이 바뀌는 과정에서 오랜 세월을 견디며 살아남았다. 처음에는 그리스 신전에서 시작해

시라쿠사 대성당

시라쿠사 대성당 내부

교회와 이슬람 사원을 거쳐, 지금 바로크 양식의 대성당으로 바뀌었다. 주인이 바뀌어도 건물을 부수지 않고, 새 종교 양식을 덧입혔다. 한 겹이 더 쌓이면서 새로워진 것이다.

성당 안으로 들어섰다. 내부는 성당 같기도, 신전 같기도, 미술관 같기도 하다. 겹이 층층 쌓인 탓이다. 대성당 광장의 맞은편에 있는 산타루치아 알라바디아 성당에도 들러보자. 여기에 카라바지오가 그린 〈성 루치아의 매장〉 그림이 걸려 있다. 성 루치아는 303년 디오클레티아누스 황제에 의해 시라쿠사에서 순교 당한 순교자다. 가만히 그림을 보고 있으면, 주인공들이 어둔 배경 속에서 갑자기 일어날 것만 같다.

카타니아로 돌아와 하루 더 머물렀다. 이제 북아프리카로 떠날 때가 됐다. 새로운 여행 앞에서 설렘 반 걱정 반 하다가 늦게 잠들었다.

TUNISIA

6
튀니지

제르바
오뒷세우스의 기항지

비행기에서 본 푸른 지중해

비행기를 타고 지중해를 건넜다. 그저 휙 지나가는 지중해와의 만남은 서글펐다. 시칠리아에서 배편으로 지중해 건너 튀니지 가는 방법은 고대부터 가장 빈번한 교통로였다. 지중해를 온몸으로 느낄 기회였지만, 시간과 편의를 핑계로 항공권을 끊었다.

고맙게도 하늘은 맑아서 짙푸른 지중해를 고스란히 보여줬다. 내가 만나야 할 튀니지안블루, 모로코의 마조렐블루 등이 퐁퐁 샘솟는 푸른빛은 황홀했다. 제르바 섬이 가까워져 오자 저물 무렵의 바다 저편으로 오묘한 빛이 번졌다. 곱고 아련했다. 잠시 저게 뭔가를 곰곰이 생각하다가 무릎을 쳤다. '그래, 저건 대륙이 바뀌는 신호다. 여긴 아프리카 대륙이다.' 튀니지 제르바 섬이 가까워오자 흙과 집들이 나타났다. 수직의 세계에서 수평의 세계로, 컬러의 세계에서 흑백의 세계로 온 느낌이었다. 제르바는 자그마치 호메로스의 〈오뒷세이아〉에 등장하는 도시다. 고향으로 돌아가던 오뒷세우스와 그의 일행이 잠시 머물렀던 곳. 여기서 오뒷세우스의 부하들은 원주민이 주는 연밥을 얻어먹었다.

부하들은 거기로 가서 이내 연밥을 먹고 사는 원주민들과 어울렸다. 원주민들은 내 부하를 죽일 생각이 전혀 없었고 그 대신 그저 연밥을 주어 맛보게 했을 뿐이다. 그 꿀처럼 단 연밥을 맛본 선원들은 돌아가기는커녕 돌아가지 않겠다는 전갈조차 보내려 하지 않았다. 그들은 연밥을 먹고 사는 사람들과 함께 머물며 연밥이나 먹을 뿐, 고향으로 돌아가고 있었다는 기억은 영원히 사라지고 말았다.

(— 〈오뒷세이아〉 중에서)

〈오뒷세이아〉는 그리스 신화에 나오는 유명한 이야기로, 그리스군의 트로이 공략 후 오뒷세우스의 10년간에 걸친 해상 표류의 모험과 귀국에 관한 이야기이다. 오뒷세우스의 화려한 여행과 모험은 여행자들의 로망이기도 하다. 오뒷세우스는 외눈박이 괴물, 아름다운 노래를 들려주는 세이렌 등 다양한 괴물들을 만나지만, 제르바 섬에서 만난 이는 또다른 강적이었다. 고향으로 돌아간다는 기억이 사라진다니, 이 얼마나 무서운 일인가.

간혹 여행하다 보면 드물게 이런 장소를 만난다. 여행 중이라는 생각도 잊어버리고 그저 한없이 머물고 싶어지는 곳. 에베레스트 트레킹 중에 만난 준베시, 파키스탄 북부의 훈자, 러시아 바이칼호수 알혼섬의 후지르 등이 그랬다. 공통적으로 거대한 자연의 품에서 사람들이 맑고 순수했다. 첫날 숙소는 에리아드(Erriadh)에 자리한 근사한 호텔로 잡았다. 튀니지 향기가 가득한 이국적인 숙소였다. 하룻밤 자고 나면 기억이 통째로 사라질까 두려웠다. 아니, 어쩌면 내심 그걸 바라고 있었는지도 모른다.

하룻밤을 보냈지만, 기억은 사라지지 않았다. 추위에 벌벌 떨며 잠을 설친 까닭이다. 숙소는 예뻤지만, 난방이 어설펐다. 아프리카의 첫날밤에 추위로 잠을 설치게 될 줄은 몰랐다. 잠 못 든 덕분에 숙소 2층 테라스를 어슬렁거리며 깊은 밤을, 새벽을, 일출을 바라봤다. 낯선 공간이 준 선물이라고 생각하기로 했다.

이 숙소가 아니었으면 에리아드 벽화마을을 만나지 못했을 것이다. 신비로운 벽화가 마을 구석구석 숨어 있다. 전통 가옥 자체가 훌륭한 도화지가 됐다. 벽에는 그림이 있고, 튀니지안블루로 칠한 대문 또한 그림 같았다. 담벼락에 꽃나무가 자리해 분위기가 더욱 좋았다. 알고보니 이곳에 벽화 프로젝트가 있었다. 2014년에 30개국 150명의 예술가가 그림을 그렸다. 구글 지도에는 '제르바후드(Djerbahood)'라고 나와 있다.

에리아드마을 숙소

에리아드마을 벽화

에리아드마을 벽화

에리아드 마을에는 예로부터 유대인이 많이 살았다. 1956년과 1967년 아랍과 이스라엘의 전쟁(팔레스트인 전쟁) 후에 신변에 위험을 느낀 유대인들이 이스라엘로 많이 돌아갔다. 마을 근처에 북아프리카에서 가장 오래된 유대교회당인 엘 그리바 시나고그(Synagogue de la Ghriba)가 있어 찾아가니 아쉽게도 입장 시간이 지났다. 2002년에는 알카에다의 테러가 있었기에, 교회당 앞은 군인들이 지키고 있었다.

택시를 타고 시내 해안가에 자리한 무스타파 요새(Ghazi Mustapha Towe)를 찾았다. 튀니지에서는 택시비가 저렴해 가까운 곳은 무조건 택시를 타면 된다. 요새는 파란만장한 역사를 간직한 채 무심한 표정으로 바다를 바라보고 있었다. 호수처럼 잔잔한 바다가 평화로웠다. 처음에는 로마가 세운 성채였고, 1284년에는 노르만족이 점령했고, 이후 이슬람의 술탄 아부 페레스 엘 하프시가 석재로 단단하게 재건했다고 한다.

이렇듯 주인이 여러 번 바뀌었지만, 이곳 명성을 높인 건 1557년 지중해를 무대로 악명을 떨친 해적 두목 드라굿이 본거지로 삼으면서부터다. 1560년 리비아 트리폴리를 공격하러 가던 몰타기사단과 스페인 연합군이 이곳을 점령했다. 이때 요새에서 쫓겨난 드라굿은 이를 갈았고, 투르크군과 연합해 성을 재탈환하기 위해 한 달간 공성전을 벌였다.

결국 드라굿이 승리해 몰타기사단과 스페인군 6,000여 명이 몰살됐다. 드라굿은 이들 시체를 해안에 쌓아 해골탑을 만들었

무스타파 요새

다. 해골탑은 300년이 지난 1846년이 돼서야 프랑스 대사의 요구로 치워졌다고 한다. 역사는 드라굿의 잔인함을 주로 이야기하지만, 몰타기사단과 스페인 연합군도 그에 못지않았다. 당시는 기독교와 이슬람의 전쟁 시기다. 이 전쟁은 기독교 세계에서 주도했다. 1492년에 국토를 통일하고 신대륙에서 부를 축적하던 스페인의 자만함이 크게 작용했다.

성을 나와 수크를 찾았다. 제르바에서 가장 큰 도시 이름이 훔트 수크(Houmt Souk)다. 수크는 아랍어로 시장이란 뜻이다. 수크는 골목골목이 미로다. 길 찾는 게 쉽지 않았다. 길을 헤매다가 뜻밖에 새로운 걸 만나는 재미가 쏠쏠했다. 갑자기 나타난 로컬 샌드위치 가게에서 2디나르(850원쯤)에 점심을 먹었다. 빵 안에 들어가는 게 제법 푸짐하다. 미로를 나와 큰 나무 아래의 찻집에서 오렌지주스를 시켰다. 오렌지주스는 현장에서 직접 갈아줘 더욱 맛있다. 튀니지 사내들이 수다 떠는 걸 가만히 구경하니 여유롭다. 이제 제르바를 떠나 타타윈으로 이동할 때다.

르와지 터미널을 찾았다. 튀니지에서 장거리 이동은 르와지 터미널에서 승합차를 이용하면 된다. 르와지는 사람들이 차야 출발한다. 튀니지에서 여러 번 르와지를 이용했지만 오래 기다린 적이 없다. 제법 빠르고 편리한 시스템이다. 2시간쯤 달려 타타윈에 도착했다. 타타윈은 제르바보다 큰 도시다.

숙소에 크샤르마을 투어를 물어보니 가이드 알리를 소개해줬다. 가이드와 4개 크샤르마을 투어와 마트마타까지 이동하기로 했다. 타타윈에서 마트마타를 대중교통으로 가려면 빙 둘러가야 한다. 시간도 많이 걸리고 몸도 고생이다. 가이드 알리가 유쾌해 여행이 즐거울 듯했다.

수크 골목길

수크에서 파는 기념품들

TUNISIA

타타윈과 마트마타
〈스타워즈〉 투어

크샤르 하다다

이른 아침부터 행장을 꾸리고 선크림까지 발랐는데 날이 흐렸다. 왜 당연히 맑을 거라고 생각했을까. 어젯밤에 화장실 창문으로 빛나는 별을 봤기 때문일까? 내복만 입었어도 하루종일 벌벌 떨지 않았을 것을……. 겨울철이라 해가 안 나면 매우 추웠다. 아프리카에서 추위로 고생하게 될 줄은 정말 몰랐다.

알리는 약속 시각인 아홉시가 되기도 전에 숙소 아래에서 대기하고 있었다. 어제 복장은 점잖았는데 오늘은 캐주얼하다. 큰 모션과 오버하는 억양은 여전하다. 그가 차를 세워둔 곳으로 함께 갔다. 맙소사, 고물 올드카다. 어쩐지 알리랑 잘 어울린다. 알리와 고물 올드카와 함께하는 투어가 시작됐다.

가이드 알리와 고물차

차가 달리자 음악을 틀어달라고 했다. 알리가 튀니지 음악을 틀자 서로 흥얼흥얼하다가 눈을 맞추고 웃었다. 투어는 〈스타워즈〉 투어라고 해도 과언이 아니다. 차량으로 크샤르 올레드 술탄과 크샤르 하다다, 두이렛과 체니니 등 〈스타워즈〉를 찍었던 마을을 포함해 4개의 마을을 둘러본다. 튀니지 남부의 타타윈, 마트마타 등 베르베르인들이 사는 지역은 조지 루카스 감독에게 〈스타워즈〉의 독특한 촬영지를 제공했을 뿐 아니라 다양한 영감을 아낌없이 줬다. 지명, 건축 양식, 의복 등 많은 부분이 영화에 변주되어 나온다.

〈스타워즈〉 시리즈를 정리해보자. 튀니지 여행 덕분에 〈스타워즈〉라는 거대한 텍스트를 훑어봤다. 사실 한국에서 〈스타워즈〉 시리즈는 유명세에 비해 극장 개봉 성적은 시원찮다. 하지만 마니아층은 두텁다. 중독성이 강하기 때문이다. 〈스타워즈〉는 3부작 세 덩어리로 끊어서 이해하는 게 좋다. 정리하면 아래와 같다.

프리퀄 3부작
1999 ① | 스타워즈 에피소드1 – 보이지 않는 위험
2002 ② | 스타워즈 에피소드2 – 클론의 습격
2005 ③ | 스타워즈 에피소드3 – 시스의 복수

오리지널(클래식) 3부작
1977 ④ | 스타워즈 에피소드4 – 새로운 희망
1980 ⑤ | 스타워즈 에피소드5 – 제국의 역습
1983 ⑥ | 스타워즈 에피소드6 – 제다이의 귀환

디즈니 3부작

2015 ⑦ | 스타워즈 – 깨어난 포스
2018 ⑧ | 스타워즈 – 라스트 제다이
2020 ⑨ | 스타워즈 – 라이즈 오브 스카이워커

〈스타워즈〉 시리즈는 총 9편이며, 번외편으로 한솔로와 로그 원 등 2편이 있다. 문제는 순서대로 개봉하지 않았다는 점이다. 스토리 순으로는 1-2-3-4-5-6-7-8-9이지만, 개봉순으로는 4-5-6-1-2-3-7-8-9가 된다. 9편은 2020년 1월 개봉했다.

오리지널 또는 클래식이란 이름은 1977~1983년까지 조지 루카스가 처음 개봉한 세 편을 말한다. 프리퀄은 오리지널의 과거 이야기를 다룬 내용으로 1999~2005년까지 개봉했고, 팬들은 다시 열광했다. 팬들은 조지 루카스가 오리지널의 미래 이야기를 다시 만들어줄 것으로 기대했지만, 놀랍게도 조지 루카스는 2012년 스타워즈 판권을 전부 디즈니사에 넘긴다. 가격은 무려 4조 원. 디즈니는 2015년 새로운 인물, 새로운 이야기로 깨어난 포스를 만들어 성공적으로 데뷔한다. 그리고 라스트 제다이, 라스트오브 스카이워커를 만들었다. 이를 디즈니 3부작으로 부르기도 한다.

1977년 에피소드 4가 처음으로 개봉했는데 1편부터 개봉 못한 이유는 당시 조지 루카스가 서른셋 나이의 초짜 감독이었기 때문이다. 방대한 이야기 중 자기가 잘 만들 수 있는 부분을 선택

크샤르 찾아가는 사막같은 풍경

한 것이다. 조지 루카스는 4~6편을 먼저 만들고, 1~3편을 12년
이 지난 후에 만들었으니 참으로 주도면밀한 사람이다. 시간을
자기편으로 만들었다. 이는 오리지널 3부작이 대히트 한 덕분이
기도 하다.

〈스타워즈〉에 입문하려면 개봉 순으로 봐야 한다. 이야기를
따른다고 1편부터 보면 오리지널은 재미가 없어진다. 1977년에
개봉한 〈스타워즈 에피소드 4-새로운 희망〉을 간단하게 살펴보
자. 주인공 루크 스카이워크는 타투인(Tatooine) 행성에서 산다.

타투인은 타타원에서 이름을 따온 것이다. 타투인은 두 개의 해가 뜨는 곳으로 등장한다.

루크가 숨어 사는 마을이 튀니지 마트마타의 구덩이 전통가옥이다. 〈스타워즈〉가 개봉하자 사람들은 열광했다. 당시로는 획기적인 SF 영화로 비주얼이 대단했다. 우주에서 자막이 날아가면서 시작하는 장면, 이어 시나브로 나타나는 우주 전함, R2D2와 C-3PO 로봇, 검은 가면을 쓰고 등장한 다스베이더, 그의 부하들인 스톰트루퍼의 복장 등등. 영화는 그야말로 새롭고 경이로운 영상으로 가득했다. 그리고 12년 만에 다시 돌아온 스타워즈 에피소드 1은 다스베이더인 루크의 아버지, 아나킨 스카이워커 이야기를 다룬다. 프리퀄 3부작은 총명한 아나킨이 어떻게 악의 화신 다스베이더로 변하느냐가 이야기의 초점이다.

4개의 술탄 중에서 먼저 들른 곳은 크샤르 올레드 술탄(Ksar Ouled Soltane)이다. 〈스타워즈 에피소드 1〉에서 이곳은 꼬마 아나킨의 집으로 등장한다. 오비안 케노비의 스승인 콰이곤 진인데, 리암 니슨이 역할을 맡았다. 그의 등장으로 영화는 더 묵직해졌다. 콰이곤 진은 아나킨의 잠재된 포스를 감지하고 제다이로 키우고자 한다.

영화에서 꼬마 아나킨의 집은 세상 어느 곳에서도 없을 듯한 비주얼을 자랑했다. 그야말로 외계 행성에 딱 맞았다. 그 집은 '크샤르'라고 부르는 베르베르인들의 곡물 창고다. 타타원 주변에 10여 개의 크샤르 마을 중 가장 보존 상태가 가장 좋은 곳이다. 작은 흙집을 이어붙여 마치 벌집 같고, 길쭉한 계단은 코끼리 코 또는 아이들 미끄럼틀처럼 보인다.

크샤르는 1000여 년 베르베르인들이 만들었다고 한다. 크샤르 올레드 술탄에서 딱히 할 것은 없다. 구경하고 셀카를 찍는 것이 전부다. 허나 셀카를 찍어보면 이곳 풍경이 얼마나 근사한지, 셀카 사진에서 배경이 얼마나 중요한지 알 수 있다.

크샤르 하다다(Ksar Hadada)는 호텔과 레스토랑으로 꾸몄다. 알리가 주인과 반갑게 인사를 나눈다. 이곳 촬영장은 크샤르 올레드 술탄에 비해 다소 꾸며진 느낌이다. 헌데 공룡이 딱 자리잡고 있다. 주인장이 이렇게 바꾼 것이다. 나름 바꾸는 데 고생했겠지

크샤르 올레드 술탄

만, 〈스타워즈〉의 흔적을 지운 게 문제다. 아쉽다. 〈스타워즈〉를 살리는 게 좋지 않았을까?

이어 산에 자리한 두이렛(Douiret)과 체니니(Chenini)를 차례로 둘러봤다. 두 곳은 오래된 베르베르인 마을로 지금은 사람이 살지 않지만, 거칠고 황량한 풍경 속에 자리한 주거 양식을 살펴볼 수 있다. 이곳에서 〈스타워즈〉를 찍은 건 알려지지 않았지만, 근처 어디에서 찍어도 이상하지 않다. 그만큼 풍경이 이국적이다. 체니니를 마지막으로 알리는 가속 페달을 밟으며 마트마타로 향했다. 풍경은 사막처럼 황량하다. 사하라사막의 영향을 받은 건조 지대가 한동안 이어지고, 큰 고개를 넘자 대망의 마트마타가

두이렛

174

튀니지

타타윈과 마르마타

마트마타의 마르하라 호텔

나타났다.

　때론 숙소가 하룻밤이 여행의 전부처럼 느껴지기도 한다. 마트마타의 마르하라 호텔(Marhala Hotel)이 그랬다. 호텔에 도착하자 알리가 호텔 주인장과 얼싸안고 반가워한다. 호텔 주인장의 말과 행동이 알리와 똑같다. 오버 대 오버의 만남이라고나 할까. 정말 흥부자들이다.

　마르하라 호텔은 일명 '구덩이 호텔'이다. 베르베르인이 사는 마타마타의 전통 가옥은 땅속으로 들어간 구덩이다. 겨울에 따뜻하고 여름에 시원하다. 이 구덩이들은 1969년 대홍수로 세상에 알려졌고, 1970년 중반 조지 루카스가 찾아와 첫 작품 〈스타워즈-에피소드 4 새로운 희망〉을 찍었다. 영화는 초대박이 나 '새로운 희망'이란 이름처럼 그는 더 큰 희망을 품었다.

〈스타워즈〉 촬영지 시디 드리스 호텔

조지 루카스는 20년이 흐른 뒤 다시 찾아와 〈스타워즈-에피소드 1 보이지 않는 위험〉을 또 찍었다. 그 후 〈스타워즈〉 덕후 여행자들이 구덩이를 찾아왔다. 호텔은 몇 개 구덩이를 가지고 있다. 그 중 한 구덩이를 독차지했다. 호텔은 바가 있고, 술을 팔았다. 와인을 한 병 사와 하루 종일 떨었던 몸을 녹였다.

후드득 빗소리에 눈을 떴다. 나도 모르게 졸고 있었다. 건조한 땅에 촉촉 비가 내리니 분위기가 그렇게 좋을 수가 없다. 아까만 해도 춥고 배고프고 몸은 고달팠다. 지금은 배부르고 안 춥고 살짝 취해 혼자 좋아 죽는다. 방문 열고 음악 빵빵 틀고 노래하고 춤췄다. 근처 구덩이에서 〈스타워즈〉를 찍었으니 외계행성에서 하룻밤 보낸 셈이다. 유쾌한 알리와 그의 고물차가 많이 생각날 것 같다. 유쾌함은 축복이다.

시디 주인장과 그가 입은 카사비야

시디 드리스 호텔에서 스타워즈 제작팀 사진

다음 날은 〈스타워즈〉 촬영지인 시디 드리스(Sidi Driss) 호텔을 찾아갔다. 이른 아침에 갔는데도 문을 열었다. 한 바퀴 둘러보는데, 호텔 주인장의 전통 복장인 카사비야가 눈에 띄었다. 한번 입어보고 싶어 그에게 내가 한번 입어보자고 하자 선선히 벗어준다. 카사비야를 입고 열심히 셀카를 찍었다.

주인장도 그런 내가 재밌었는지 〈스타워즈〉 광선검 장난감을 들고 나타났다. 나와 주인장은 함께 사진 찍으며 낄낄거렸다. 순진하고 귀여운 아저씨다. 내가 떠날 때는 양 볼에 키스하는 인사를 한다. 요건 베르베르식인가 프랑스식인가? 베르베르인들이 마음에 들었다.

베르베르인의 전통 복장 카사비야는 영화에 지대한 영향을 끼쳤다. 〈스타워즈〉 시리즈에서 제다이의 의복으로 쓰였고, 나중에는 해리포터의 마법사 의복까지 영향을 미쳤다. 마트마타에서는 이런 복장으로 다니는 사람들을 쉽게 볼 수 있다. 한번 카사비야가 눈에 들어오자 길 곳곳에서 카사비야를 입을 베르베르인을 만났다. 대개 아저씨들인데 카사비야를 입고 어슬렁어슬렁 길을 걷고, 모여서 밥을 먹고 수다 떨고 터미널에서 스윽 지나가는 그런 모습이 정겨웠다.

TUNISIA

카이로우안
대모스크와 파울 클레

대모스크 옆 골목길

르와지 터미널

마트마타를 끝으로 튀니지 남쪽 여행을 마무리했다. 왠지 타타원과 마트마타, 그리고 베르베르인들이 그리워질 듯했다. 이제는 북쪽으로 올라가면서 카이로우안, 수스, 엘젬, 튀니스 등 크고 작은 도시들을 둘러본다. 그리고 튀니스 카르타고국제공항에서 모로코행 비행기를 타면 튀니지는 안녕이다.

카이로우안(Kairouan) 가는 르와지는 직선으로 곧게 뻗은 도로를 힘차게 달렸다. 길섶은 온통 올리브나무다. 올리브나무의 주산지가 북아프리카다. 이 나무가 스페인을 거쳐 유럽으로 넘어갔다. 튀니지에서 올리브 없는 식탁은 상상을 못할 정도다. 스페인도 마찬가지다.

맑고 차가운 날씨는 북쪽으로 올라가면서 흐려졌다. 마치 스콜 같은 강한 소나기가 차창을 때리더니 시나브로 빗줄기가 가늘어진다. 카이로우안에 도착하자마자 카이로우안 대모스크를 찾았다. 허나 출입시간이 지났다. 오전 8~12시만 개방한다고 한다. 망연자실 하고 있으니 모스크 옆 가게의 사내가 나를 부른다. 옥상에 올라가서 보란다. 옥상에서 모스크를 내려다보며 위안 삼고 있는데 그 사내는 돈을 요구했다. 어쩐지 친절이 과도하다 싶었다.

가게를 나와 모스크 옆 골목에 들어갔다가 눈이 휘둥그레졌다. 예쁜 골목들이 계속 이어진다. 흰색과 튀니지안블루, 그리고 대모스크 벽의 투박한 색이 어우러졌다. 골목 길바닥은 돌이 깔려 있고, 특이하게 가운데를 낮게 해 물길을 만들었다. 그리고 재밌는 걸 발견했다. 가로등이 파리와 같았다. 그래서 불이 들어오

대모스크 노을

면 은은하다. 야경이 좋을 수밖에 없다.

　대모스크를 낀 골목길을 헤매는데, 비 그친 하늘이 심상치 않았다. 서둘러 주변을 찾아보지만, 골목길에서 조망이 마땅치 않다. 다시 모스크 쪽으로 나와 발견한 카페 옥상에서 환상적인 보랏빛 노을을 찍었다. 비 그친 하늘에 번지는 노을이 장대했다.

　다음 날 일찍 대모스크를 찾았다. 아무도 없는 모스크 안뜰에 들어서 혼자 거대한 마당을 서성거렸다. 카이로우안 대모스크는 압도적이었다. 모스크가 가진 역사적 의미도 크다. 현재는 이슬람 세계의 넘버4~5 모스크지만, 과거에는 넘버2의 역할을 했다. 중동에서 일어난 이슬람 세력은 순식간에 중동을 지나 북아프리카를 점령했다.

　670년 세운 카이로우안 대모스크는 당시에는 메카 다음으로 중요한 모스크였다. 이슬람 세력이 아프리카 북부를 거점으로 스페인과 유럽으로 뻗어가기 때문이다. 종교시설이지만 군사기지다. 모스크는 견고한 성처럼 지었다. 기둥은 로마 유적지에 널린 걸 주워와 모스크를 지탱하게 했다. 400개가 넘는 코린트 양식의 로마 기둥은 그 자체로 압도적이고, 발말굽 모형의 아치가 처음 적용되어 이후 모스크 양식에 지대한 영향을 끼쳤다.

　튀니지와 카이로우안 대모스크에서 예술적 영감을 받은 서양 예술가들이 제법 많다. 그중 파울 클레와 칸딘스키가 대표적이다. 파울 클레는 1914년 4월 튀니지에서 12일을 보냈는데, 그때 체험이 그의 예술에 결정적인 영향을 끼쳤다. 이를 '색채의 개안'

카이로우안 대모스크

로마 유적지에 널린 기둥을 주워와 모스크를 떠받치게 했다.

이라 한다. 색채에 눈을 떴으니, 진정한 화가가 된 것이다.

〈지중해 오뒷세이아〉의 저자 로버트 카플란은 "이슬람의 성
스러운 도시에서 그는 모더니스트가 되어 자연 세계가 지닌 본
질적이고 정신적인 의미를 전달하는 상징들로 그림을 그렸다"라
고 적었다. 그리고 파울 클레의 말을 인용했다.

부드럽게 확산되는 빛이 내리는데, 다사롭고 맑다. 그 빛은 내
속으로 너무 깊이 너무 부드럽게 스며들었고, 그것이 느껴지자 나

는 힘들이지 않고 자신감을 가지게 된다. 색채가 나를 사로잡는다. 나는 색채를 추구할 필요가 없다. 나는 색채가 언제나 나를 사로잡는다는 것을 안다. 그것이 이 행복한 시간의 의미다. 색채와 나는 동일체다. 나는 화가다.

(— 〈지중해 오뒷세이아〉 중에서)

이슬람 세력은 파죽지세로 지브롤터 해협을 건너 스페인 남부를 점령하고 거침없이 북쪽으로 진격한다. 서유럽은 그야말로 풍전등화. 그러나 프랑크왕국에는 샤를마뉴 대제가 있었다. 그가 이슬람 파도를 막아낸 덕분에 서유럽은 지금처럼 기독교를 유지할 수 있었다. 텅 빈 모스크 마당에서 이슬람 정복자들이 손에 묻은 피를 닦고 고향에 무릎 꿇고 기도드리는 모습을 상상해 봤다.

TUNISIA

수스와 엘젬

로마 원형경기장과 리바트

엘젬 로마원형경기장

수스 집들과 수스 리바트

　카이로우안에서 엘젬으로 가는 르와지는 없었다. 먼저 수스
(Sousse)로 가야 했다. 터미널의 그 많은 르와지 중에서 가까운 엘
젬에 가는 르와지가 없는 게 의아했다. 할 수 없이 수스를 경유하
는 김에 구경하기로 한다.

　수스에 내려 곧장 리바트로 향했다. 수스는 큰 항구 도시다. 지
리적 요충지로 외세의 침략이 잦아 '리바트'로 불리는 두터운 성
채를 지었고, 성채 뒤로 구도심인 메디나와 시장인 수크가 형성
됐다. 수스의 역사는 유럽과 이슬람의 지배관계에 따라 파란만
장한 부침을 겪었다. 간략하게 정리하면 다음과 같다.

기원전 11세기 페니키아가 하드루메툼(Hadrumetum)을 세우면서 도시의 역사가 시작했고, 포에니 전쟁기에는 로마와 동맹했다. 스키피오가 이끄는 로마 군대가 자마 전투를 위해 수스 해변으로 상륙했다. 로마제국령 아프리카 속주의 중심 도시로 번영하다가, 434년 반달족에게 점령당한다. 534년은 동로마 제국이 지배하고, 670년 이슬람 우마이야 왕조가 들어섰다. 9세기에는 튀니지 첫 자치 왕조인 아글라브 왕조 시대에 카이로우완의 외항으로 번영했고, 821년부터 리바트가 지어졌다. 827년에는 시칠리아를 정복하기 위한 원정군이 수스의 항구에서 출항했다. 1148년은 시칠리아의 노르만족에게 점령당한다. 1159년 무와히드 왕조, 16세기 전반부터 오스만 제국이 지배했고, 1545년에는 스페인의 공격을 받았다. 1881년부터 프랑스 식민지가 됐다.

리바트의 탑에 오르니 조망이 시원하게 열린다. 수스 모스크 너머 푸른 지중해가 넘실거린다. 내륙 쪽으로 산비탈을 따라 사각형 모양의 집들이 빼곡하게 이어져 있다.

리바트에서 내려와 엘젬으로 이동해 로마원형경기장을 찾아갔다. 골목 사이로 압도적인 건물이 눈에 들어온다. 로마원형경기장은 도시에서 가장 크고 높다. 경기장은 38년경 건설됐으며 수용인원은 35,000명이다. 일반적으로 원형경기장은 도시 인구의 1/10 규모로 짓는다고 하니, 당시 엘젬의 인구는 무려 35만 명에 이르렀음을 알 수 있다. 전 세계 로마원형경기장 중 3번째로 크고 보존 상태가 좋아 영화에 단골로 등장했다. 대표적 영화

로마원형경기장에서 본 엘젬 시내

가 〈글래디에이터(Gladiator)〉다.

로마원형경기장 앞에는 특이하게 낙타 두 마리가 서 있다. 사
막도 아닌데 왜 여기에 낙타가 있을까? 관광객들을 태우고 원형
경기장을 한 바퀴 돌기 위해서다. 낙타는 이곳이 이탈리아 로마
가 아니라 튀니지임을 상징적으로 보여준다. 근데 낙타 한 마리

가 힘이 드는지 앉아 있다. 그 모습이 마치 검투사가 무릎을 꿇고 앉아 있는 것처럼 보였다. 내부로 들어가 인적 뜸한 경기장을 호젓하게 둘러봤다. 로마에서는 꿈도 못 꿀 일이다. 경기장 창문 쪽으로 퇴근하는 낙타들이 눈에 띄었다. 다행히 집으로 돌아갈 때는 씩씩하게 잘 걸었다.

TUNISIA

튀니스
멸망한 카르타고를 찾아서

비르사 힐

비르사 힐의 카르타고 유적

　튀니지의 수도 튀니스는 옛 카르타고의 땅이다. 페니키아인들이 세운 카르타고는 대략 기원전 814년 건국되어 지중해 최대 강국으로 자리 잡았다. 카르타고는 땅이 비옥하고 지중해 통상의 요충지로 해상무역을 통해 발전해 BC 600년경에는 지중해의 무역권을 완전히 잡았고, 코르시카섬·사르데냐·에스파냐 등에 진출했다. BC 6세기 중반기에는 시칠리아를 장악하기도 했다. 전성기의 카르타고는 인구 30만에 200여 척의 군함을 거느렸다고 한다.

비르사 언덕(Byrsa Hill)은 카르타고의 성채이자 중심이다. 언덕 위에 자리해 바다와 주변 지형을 한눈에 내려다볼 수 있다. 기원전 814년 페니키아의 공주 디도가 카르타고를 건국한 장소라는 전설이 내려온다. 언덕 아래로 카르타고의 주거 양식인 푸닉 유적이 조금 남아 있다. 튀니스에 남은 카르타고 유적은 별로 없다. 로마가 카르타고 건물들을 불태웠고, 땅에 소금까지 뿌렸다고 한다. 이는 관용으로 다스리는 로마제국에서 매우 예외적인 일이다. 그만큼 카르타고가 무서웠던 것이다.

왜 로마는 카르타고의 씨를 말렸을까? 포에니전쟁을 살펴보자. 포에니(punic)는 페니키아를 가리키는 라틴어다. 로마는 힘없는 약소국에서 출발해 이탈리아 반도를 통일하고, 지중해 제해권을 두고 시칠리아에서 카르타고와 부딪친다. 지중해에 2개의 강대국이 존재할 수 없었다. 1차 포에니전쟁, 결과는 로마의 승. 해군 없던 로마가 해군을 만들어서 이겼다. 이를 계기로 로마는 배를 타고 나아가 지중해 전 지역을 장악할 수 있는 토대를 마련했다.

로마가 그리스 공략에 정신 팔려있을 때 시나브로 국력을 키운 카르타고는 에스파냐를 지배했다. 에스파냐를 지배한 장군의 아들 한니발은 무럭무럭 성장했다. 그리고 어리석을 만큼 과감하게 코끼리를 앞세우고 알프스를 넘어 로마로 쳐들어갔다. 마치 동방원정을 떠난 마케도니아의 알렉산드로스 대왕처럼. 이것이 2차 포에니전쟁으로, 한니발전쟁이라고 부른다. 전쟁 초기에는 로마군은 연전연패했다. 로마 남부는 한니발에게 쑥대밭이 되었고, 로마는 한니발 이름에 벌벌 떨었다. 전장을 카르타고로 옮긴 끝에 결국 로마는 승리한다. 3차 포에니 전쟁은 로마가 일방적으로 카르타고를 패고 두들겨 멸망시킨 전쟁이다. 그렇게 카르타고는 역사에서 사라졌다.

비르사 언덕 한 켠에는 뜻밖에도 거대한 성당이 자리잡고 있었다. 생 루이(Saint Louis) 성당. 옛 프랑스 식민지였던 흔적이다. 예전에는 비르사 언덕을 정점으로 항구까지 마치 요새처럼 건물들이 이어졌다고 한다. 언덕에 서면 부서진 유적들 너머로 아스라이 바다가 보인다. 카르타고의 영광과 로마의 눈부신 문명 모두 부서진 돌로 남았다.

비르사 언덕을 내려와 해변으로 가면 안토니우스 공중 목욕탕(Antonine Baths)이 나온다. 145~162년 건설됐는데 이때는 로마가 대제국을 건설하고 팍스 로마나가 실현된 전성기에 해당한다. 목욕탕은 크고 웅장한 2층 구조로 지었다. 로마제국을 통틀어 가장 거대한 목욕탕 중 하나였다고 한다. 바다 앞에 자리해 풍광이 그만이다. 당시는 얼마나 휘황찬란한 위용을 자랑했을까?

지금은 부서졌지만 당시를 상상하기 어렵지 않다. 로마 목욕탕은 단순히 몸을 씻는 목욕탕이 아니라 종합레저시설이다. 연구자들은 로마 목욕탕이 대제국의 정체성이자 통합의 상징이라고도 한다. 216년에 완공된 로마 남단의 카라칼라 목욕탕은 도서관, 수영장, 체육관, 정원, 상점 등을 두루 갖췄다고 한다. 안토

안토니우스 공중 목욕탕

로마인 거주지

니우스 목욕탕도 비슷한 시설을 갖췄을 것으로 추측한다.

목욕탕을 둘러보고 로마인들이 살았던 로마인 거주지(Roman Villas, Kobba Bent el Rey)와 공연이 열리던 로마극장(Odeon Theater), 오락시설인 로마원형경기장(Roman Amphitheatre), 그리고 토페트 유적(Salammbo Tophet) 등을 하나하나 둘러봤다.

로마극장과 원형경기장은 비교적 작은 규모로 남아 있다. 토페트 유적은 카르타고의 전통 유적으로, 페니키아의 신들을 모시는 성스러운 장소다. 헌데 아이들을 바치는 인신 공양의 전통이 있다고 한다. 왜 아이들을 바쳤는지, 어떤 의미인지 궁금하지만 속 시원하게 이야기해주는 곳이 없다.

로마극장

튀니스 시내에 자리한 바로도 박물관(The National Bardo Museum)은 튀니지의 루브르 박물관이라고 불리는 곳이다. 15세기에 세운 이슬람 하프시 궁전을 박물관으로 꾸몄다. 바르도 박물관은 2~6세기 제작된 정교하고 아름다운 다수의 로마 모자이크 유물이 유명해 '모자이크 박물관'으로 부르기도 한다. 그러나 눈여겨봐야 할 것은 카르타고 유물이다. 이를 통해 당시 세련된 문명을 건설했던 카르타고를 상상하는 건 즐거운 일이다. 하지만 카르타고 유물은 별로 남아 있지 않아 아쉽다. 아울러 북아프리카 원주민인 누마디아인의 누마디아 문명 유물과 마디아(Mahdia) 난파선에서 발견한 수준 높은 그리스 유물도 만날 수 있다. 누마디아, 카르타고, 그리스, 로마 유물을 모두 볼 수 있는 셈이다.

박물관에 입장해 동선을 따라 2층으로 올라가면 마디아 지역의 난파선에서 발견된 그리스 유물을 볼 수 있다. 1900년쯤 튀니지 해안에서 다이버들이 보물이 가득한 배의 잔해를 발견했다. 그 안에는 청동과 대리석으로 만든 그리스 보물들이 가득했다. 난파선은 그리스에서 로마로 가는 배였는데, 풍랑을 만나 튀니지 해안에 가라앉은 것이다. 이 보물들을 주문한 사람은 로마 공화국 말기의 장군인 술라(기원전 138년~기원전 78년)로 알려졌다. 전시실로 들어가면 작은 그리스 신들의 청동상이 나오는데, 디테일이 매우 정교하다. 어떻게 그리스 예술가들은 청동을 떡 주무르듯 다루었는지 궁금하다. 동물 얼굴을 한 여신의 모습은 낯설고 신기했다.

바르도박물관의 모자이크

다음 방은 카르타고 유물을 전시한다. 기원전 7~6세기 유물이다. 몇 점의 마스크가 특히 눈에 띈다. 제사장이 썼던 것으로 추측되는 마스크는 원시적이고 주술적인 인상을 준다. 이집트 영향을 받은 마스크로 당시 선진국인 소아시아의 영향을 받았다고 한다. 몇 점 안 되지만, 북아프리카 원주민인 누마디아인의 누마디아 문명 유물을 볼 수 있는 것도 의미가 크다.

로마 거주지와 유적지에서 발견된 모자이크 유물은 스케일이 크다. 그만큼 로마인들이 큰 공간에서 거주했다는 뜻이다. 모자이크 내용은 로마 신화나 로마인들의 일상을 주제로 하며, 2세기~6세기경에 제작된, 정교하고 아름다운 작품들이다. 특히 오뒷세우스가 세이렌을 만나는 장면과 포세이돈 등의 작품은 바르도 박물관의 슈퍼스타들이다.

저물 무렵에는 시디부사이드(Sidi Bou Said)를 찾았다. 마침 붉은 노을이 서편을 물들이고 있었다. 시디부사이드는 '북아프리카의 산토리니'란 별칭처럼 바닷가 언덕에 자리한 예쁜 마을이다. 관광객은 물론 주민도 많이 찾아 언제나 북적북적하다.

시디부사이드는 1920년대에 만들어졌다. 프랑스의 화가 루돌프 데를랑게르(Rodolphe d'Erlanger) 남작이 파란색과 흰색을 주제로 마을을 꾸몄다. 여기서 연한 파란색인 '튀니지안블루'가 탄생했다. 시디부사이드에는 유명한 카페가 두 곳 있다. 마을 초입 언덕에 자리한 카페 데 나트(Cafe des Natttes)는 카뮈와 모파상 등 유

시디부사이드의 거리

시디부사이드의 기념품

시디부사이드의 노을

명 작가들의 단골집으로 유명하고, 언덕 너머의 카페 데 델리스
(Café des Délices)는 바다가 보이는 풍경으로 널리 알려졌다.

심상치 않은 노을을 감상하기 위해 카페 데 델리스를 찾았다.
앞쪽으로 시야가 훤히 트이고 비스듬히 경사져 조망이 끝내준
다. 이미 바다는 노을에 푹 젖어 있다. 여기서 민트티를 홀짝이면
서 튀니지와 작별을 고했다.

'굿바이 튀니지! 무엇보다 사람이 좋았어. 특히 베르베르인들,
풍경도 괜찮았어. 꾸스꾸스와 민트 티는 맛있었어. 와인도 없이

민트 티로 작별해 슬프지만 난 충분히 취했어. 다시 만나면 좋겠어. 안녕 튀니지!'

MOROCCO

7
모로코

마라케시
매혹과 혼돈, 제마엘프나 광장

제마엘프나 광장

시디부사이드에서 밤늦게 숙소에 돌아와 양말을 빨았다. 궁상맞지만 여행자의 현실이다. 방에서 잘 나오는 스팀의 유혹에 넘어간 것이다. 아침에 눈 떠 뽀송뽀송한 양말을 가지고 새로운 세계로 떠나는 상상은 생각만 해도 즐거웠다.

비행기가 뜨자 그동안 돌아본 튀니지가 주마등처럼 펼쳐졌다. 귀여운 〈스타워즈〉 촬영장 아저씨와 투어기사 알리 아저씨의 얼굴도 떠올랐다. 마트마타 하룻밤이 벌써 그리웠다. 와인을 마실 수 있는 그 숙소는 튀니지의 천국이었다. 막 떠나온 나라에 대한 그리움과 새로운 나라를 향한 호기심이 뒤섞이는 비행기 안에서의 시간이 야릇했다.

3시간쯤 비행 후 어느덧 비행기는 모로코 카사블랑카 무하마드 5세 국제공항에 도착했다. 모로코는 입국 카드를 안 써도 됐다. 이것만 봐도 모로코 관광이 얼마나 활성화됐는지 알 수 있었다. 무비자라 입국 수속도 가볍게 통과했다. 소문대로 공항 안에서는 심카드를 거저 나눠줬다. 몇 개 업체가 서로 자기 걸 받으라고 준다. 사막에서도 잘 터진다는 모로코텔레콤의 심카드를 받았다. 충전은 따로 해야 한다. 슈퍼나 가게에서 충전 페이퍼를 사서 충전하면 된다. 매우 심플한 시스템이다.

공항에서 기차를 타고 곧장 마라케시로 갈 수 있다. 기차는 방처럼 작은 칸으로 나뉘어 있었다. 내가 들어간 방에는 엄마와 아들이 타고 있었다. 기차는 생각보다 빠르고 쾌적했다. 내륙 쪽으로 들어오자 붉은 흙을 품은 완만한 구릉지대가 펼쳐졌다. 기차 안의 심심한 아이를 구경하는 재미에 시간이 빨리 갔다. 아이가 건넨 작은 오렌지는 달디 달았다. 그때만 해도 모로코에서 보낼 시간이 오렌지처럼 달콤할 줄 몰랐다.

기차가 도착한 마라케시역은 웅장하고 이슬람스러웠다. 기차역 옆의 수프라 버스터미널에서 사하라사막 지역인 하실라비드 버스표를 예약하고 제마엘프나 광장(Djemaa el Fna Square)으로 왔다.

제마엘프나 광장에 들어섰을 때 눈이 휘둥그레졌다. 입구에는

제마엘프나광장의 댄서

화려하게 치장한 말과 마차가 가득하고, 그 뒤로 뭔가 블랙홀 같은 거대한 혼돈이 버티고 있었다. 블랙홀에서는 북소리가 땅을 진동하고, 태평소 같은 소리는 천상에서 내려오는 듯했다. 뒤이어 호객하는 소리, 경적 소리, 떠드는 소리, 원숭이 소리……. 나도 모르게 순식간에 블랙홀에 빠져들었다.

광장에서 가장 인상적인 건 거리의 악사들이었다. 예전 우리나라 장터에서 판소리와 창극 광대 공연 등이 벌어졌다. 장터에서 문화공연이 수시로 열렸다는 것인데, 지금은 모두 사라졌다. 제마엘프나에는 아직도 이런 공연이 남아 있다. 물론 뱀을 부리던 사람들은 사라졌지만, 지금도 먹고 살기 위해 전통 공연의 맥을 이어가는 광대들이 남아 있다. 이런 사람들이 광장을 풍요롭게 한다. 진정한 광장의 보물이 아닐까 싶다.

광장이 제일 잘 보일 것 같은 2층 카페로 올라갔다. 높은 데서 느긋하게 내려다보니 비로소 광장의 전모가 눈에 들어온다. 먹거리 천막들이 거대한 광장을 수놓은 조각보 같다. 시나브로 하늘에는 보랏빛 노을이 물들고 있었다. 배가 출출해 광장이 잘 보이는 식당에 앉아 모로코 전통 음식인 따진을 시키고 술을 물어보니 없단다. 외국인이 많이 찾는 식당에서 술이 없다는 게 이상했다. 구글지도에서 'WINE'을 검색하니 식당 근처 여기저기에서 와인 그림이 뜬다. 식사 후 몇 군데 찾아갔지만 없었다. 결론적으로 제마엘프나 광장에서 술 파는 데는 없었다. 오렌지주스를 하나 사들고 쓸쓸히 숙소로 돌아갔다.

마조렐 정원

다음 날, 가장 먼저 마조렐 정원(Jardin Majorelle)을 찾았다. 정원은 프랑스 여행자들로 가득했다. 매표소를 지나면 분수대가 나온다. 파란색과 초록색 타일의 색감부터 예사롭지 않았다. 입구를 들어서면 시원한 대나무 숲이 인상적이다. 서양인이 만든 정원 입구를 대숲으로 꾸민 게 신기했다. 그리고 파랑, 보라, 녹색 등으로 치장한 건물, 연못, 정자 등이 어우러진다.

정원을 가꾼 이는 프랑스 예술가 자르댕 마조렐(Jardin Majorelle, 1886~1962)이다. 낭시에서 태어난 마조렐은 파리에서 예술을 공부했고, 이집트에서 4년쯤 살면서 이슬람 예술에 눈떴다. 1917년 결핵 치료차 모로코로 왔다가 풍요로운 자연에 감동해 정원을 가꾸고 그림을 그렸다. 유명한 '마조렐블루'는 여기서 태어났다. 마조렐블루의 색감은 깊은 바다를 떠오르게 하는 짙은 파랑이다.

정원은 1947년 대중에 공개되었고, 큰 교통사고를 당한 마조렐은 1962년 이 정원을 팔았다고 한다. 그 후 정원은 패션 디자이너 이브 생 로랑(Yves Saint Laurent)과 피에르 베르게(Pierre Berge)에 의해 다시 화려하게 복원되었다. 마조렐 정원의 숨은 보물은 베르베르 박물관(Musée Berbère Jardin Majorelle)이다. 박물관은 작지만 정성스럽게 꾸몄다. 이브 생 로랑과 피에르 베르게의 콜렉션으로 구성되어 있다.

박물관 안으로 들어가 가히 문화 충격을 받았다. 장식품들이 어쩜 그리 투박하면서도 섬세한지. 우주를 떠오르게 하는 디스플레이도 인상적이었다. 장식품을 만드는 손재주는 무슬림들이 최고로 알았는데, 베르베르 박물관을 보고 나니 베르베르인이 한 수 위다. 베르베르인의 기술이 무슬림에게도 영향을 준 듯하다. 튀니지처럼 모로코에도 베르베르인이 많이 산다.

베르베르인족은 북아프리카 일대에 살아온 토착민이다. 이집트, 리비아, 튀니지, 알제리, 모로코 등에 널리 퍼져 거주한다. 이들의 총인구는 약 1천 2백만 명으로 추산되며, 가장 많이 밀집한 지역이 모로코 남부의 아틀라스 산맥 주변이다. 지중해 연안에서 고유의 문화를 일구며 살았던 베르베르인은 역사적으로 무수한 외침에 시달리는 시련을 겪는다. 7세기~11세기에 걸친 아랍의 두 차례 침입과 정복은 베르베르의 전통문화를 뿌리째 바꿔놓았다. 북부아프리카의 이슬람화로 베르베르족의 대부분은 이슬람 신자가 되었다. 그러나 사막이나 산악지대에서 고립된 일

베르베르 박물관

부 베르베르인들은 오늘날까지 전통을 유지하며 살고 있다고 한다. 마라케시는 모로코에서 가장 큰 베르베르인의 거주지다.

마조렐공원을 나와 발걸음 닿는대로 마라케시의 주요 명소들을 둘러봤다. 포토하우스(House of Photography in Marrakech)는 베르베르의 전통을 만날 수 있다. 이곳은 중정을 가진 모로코 전통가

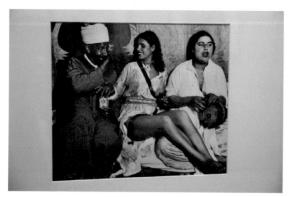

포토하우스

옥을 전시장으로 꾸며졌다. 전통가옥과 사진 전시가 잘 어울렸다. 상설 전시로 보이는 1층 중정에는 베르베르 여인들의 사진을 걸렸다. 사진 속 눈이 형형한 여인들은 금방이라도 액자를 뚫고 튀어나올 듯하다. 화려한 장신구, 목걸이와 귀걸이에서 차르르~ 금속 소리가 들릴 것 같다. 사람은 영원한 사진의 주제다.

포토하우스에서는 매달 또는 매년 이벤트를 진행한다. 이때는 사진의 집(Maison de la Photographie) 이벤트가 열렸다. 모로코 최초의 사진이 찍힌 1860년대부터 1960년대까지의 다양한 모로코 사진을 볼 수 있었다. 사진을 둘러보고 옥상에 자리한 찻집으로 갔다. 멀리 아틀라스 산맥이 아스라이 보였다.

'작은 알람브라 궁전'이라고 부르는 바히아궁전(Bahia Palace)은 의외로 역사가 깊지 않다. 1894년부터 6년에 걸쳐 지어졌으며, 모로코의 건축미와 정원의 아름다움을 대표하는 궁전으로 꼽힌다. 특히 여성 공간인 안뜰에서는 눈부신 광채가 났다. 모자이크처럼 붙인 크고 작은 타일들이 고급스럽고 세련되다. 대문, 천정, 벽, 창살, 유리창, 분수대 등등 거의 모든 곳을 화려하게 꾸몄다.

엘바디 궁전(El Badi Palace)은 궁전보다는 성처럼 느껴진다. 바히아 궁전이 여성적이고 화려하다면, 엘바디 궁전은 남성적이고 웅장하다. 1578년 술탄 아흐메드 엘-만수르가 세웠다고 한다. 궁전의 이름은 '비견할 수 없는'이라는 뜻인데, 본래는 이탈리아산 대리석, 아일랜드산 화강암, 수단에서 들여온 금박 등이 360개 방의 표면을 덮고 있었다고 한다. 그러나 1683년 새 왕조의

바히아궁전

엘바디궁전

귀공자인 물라이 이스마일이 궁전의 장식을 몽땅 떼어다가 새로운 수도의 자신의 궁전을 장식하는 바람에 **뼈**대만 남았다고 한다. 만약 온전히 남았다면 스페인의 알람브라 궁전이 부럽지 않았을 것이다. 하지만 **뼈**대만 남아도 충만함이 느껴진다. 특히 오렌지 나무가 가득한 정원과 붉은 흙으로 세운 거대한 성벽은 그 자체로 눈부셔 상상력을 자극시켰다. 궁전의 테라스에 오르면 사람들이 분주하게 돌아다니는 메디나가 보이고, 반대편으로 아틀라스 산맥이 아스라이 펼쳐진다. 마라케시의 큰 매력이 아틀라스 산맥임을 깨달았다.

하실라비드
어린왕자와 사하라사막

사막의 황홀한 별

가끔 그런 생각을 했다. 집 밖으로 이어진 길을 따라가면 내가 가고 싶은 곳에 닿을 수 있는 건, 당연한 게 아니라 길이 마술을 부리는 것이라고. 길을 따라 나는 너에게 건너가고 너도 길을 따라 나에게 올 수 있다. 살다보면 미친 듯이 가고 싶은 곳이 생기기 마련이다. 그건 길을 타고 네가 나에게 와 나를 데려가기 때문이다.

이른 아침 숙소를 나와 제마알프나 광장을 가로지르며 마라케시를 떠났다. 불과 이틀 묵었지만 마라케시는 이름처럼 강렬했다. 오전 8시 버스는 어둠을 뚫고 출발했다. 길은 도심에서 소도시로, 소도시에서 사막으로 이어졌다. 풍경은 점점 황량해지고, 빛은 뜨겁고, 입술은 바싹 말랐다. 황량한 풍경에 길 하나만 덩그러니, 그러나 끊임없이 질기게 악착같이 이어졌다. 길은 위태롭고도 질겼다. 〈벤허〉〈글래디에이터〉〈미이라〉 등의 촬영지로 유명한 와르자자트에서 내려 오아시스 도시인 부말 다데스(boumalne dades)에서 하루 자며 주변을 구경했으면 좋겠다. 대개 사람들은 마라케시에서 2박 3일 투어로 사막을 포함한 여러 곳을 둘러본다. 하지만 이런 투어는 핵심인 사막여행이 부실하기 마련이다. 알찬 사막투어를 위해 한국 여행자들에게 '알리네 집'으로 통하는 숙소를 미리 예약했다.

버스에서 해가 지는 걸 바라보면서 밤 8시에 도착했다. 정확하게 12시간이 걸렸다. 하실라비드에 내리자 숙소의 주인장 알리

알리 하우스

유쾌한 알리 형제

가 기다리고 있었다. 알리를 따라 가는 골목길에서 하늘에 뜬 별이 초롱초롱 빛났다. 별을 보면서 멋진 모험이 날 기다리고 있음을 직감했다.

숙소를 배정 받고 2층 테라스에 나가 사막 쪽에 뜬 무수한 별들을 바라봤다. 가만히 보고 있으니 별들이 내려와 나에게 속삭이는 것 같았다. "내가 너를 사막으로 데려왔어." 그 목소리를 듣자 내 안에도 별이 뜬 듯 마음이 환해졌다.

간밤에 이불을 꽁꽁 뒤집어쓰고 잤다. 아프리카에서, 그것도 사막의 땅에서 추워 벌벌 떨었다. 역시 세상은 상상 이상이다. 잠이 깨자 곧장 베란다에서 나가 사막이 얼마나 가까운지 확인했다. 맙소사, 바로 코앞이다. 해가 떠올라 사막의 부드러운 곡선을 비추자 사람들을 태운 낙타들이 긴 행렬을 이루면서 마을로 돌아오고 있었다. 마치 멀리서 사막을 건너온 대상 행렬처럼 보였다. 나도 저 낙타를 타고 사막으로 갈 것이고, 하룻밤을 묵고 돌아올 것이다.

사막을 하염없이 바라보다가 '어린왕자'가 떠올랐다. 생텍쥐페리의 비행기가 사하라사막에 불시착하지 않았다면, 명작 〈어린왕자〉는 탄생하지 못했을 것이다. 그만큼 생텍쥐페리의 사하라사막 체험이 〈어린왕자〉를 쓰는 데 결정적인 역할을 했다.

아침을 먹고 베르베르인의 전통 의상인 질레바와 스카프를 빌렸다. 두툼한 질레바가 거친 모래를 막아주고 밤에는 몸을 보온해준다. 스카프로는 머리와 얼굴을 가려야 한다. 질레바와 스카

사막은 독특한 질감과 무늬로 여행자의 마음을 사로잡는다.

프를 착용하자 마음이 날아갈 듯 붕붕 떴다. 마치 사막을 주제로
한 영화의 주인공이라도 된 듯했다. 사막투어를 할 일행은 모두
한국인이었다. 숙소 앞으로 나오자 낙타들이 앉아 있었다.

우리를 태운 낙타들이 힘차게 일어나면서 사막투어가 시작됐

다. 낙타 등에 올라 기우뚱기우뚱 흔들리면서 사막을 보는 맛이
란! 신기하게도 사하라사막은 순광에서는 레드샌드, 역광에서는
화이트샌드로 보였다. 베트남 무이네에는 레드샌드와 화이트샌
드가 각각 있었지만, 이곳은 빛에 따라 붉게도 희게도 보였다.

1시간쯤 지나 엉덩이와 허리가 아플 때쯤 캠프에 도착했다. 가
이드 사이드는 우리를 높은 모래 산으로 데려갔다. 사막에서는
신발을 벗고 걷는 게 좋다고 해서 바로 벗어던졌다. 우리나라의
해변의 고운 모래와 달리 촉감이 거칠었다. 철가루와 밀가루를
섞은 느낌이다. 모래산의 꼭대기의 능선은 예리한 각을 남긴다.
그런데 불어온 바람에 능선은 날리고 다시 모래가 쌓인다. 사막
에서 꼭대기란 신기루다.

사이드가 샌드보딩 시범을 보여준다. 모래에서 미끄러지는 느
낌이 특이했고, 사람들은 넘어져 모래를 뒹굴면서도 까르르 웃
었다. 점심을 먹은 후에도 일행들은 서로 사진 찍어주며 사막에
서 시간 가는 줄 모르고 놀았다.

시나브로 해가 기울자 다시 낙타를 타고 숙소 캠프로 이동했
다. 숙소 근처에서 저무는 노을을 배경으로 인생샷 찍기가 시작
됐다. 가이드 사이드는 낙타와 인증샷, 모래로 하트 만들기, 점프
샷 등 다양한 장면을 연출했는데, 그의 사진 실력이 전문가 수준
이었다. 해가 순식간에 저물자 사막의 색이 더욱 붉어졌다. 사막
은 바다처럼 저물면서 빛났다. 해가 지자 갑자기 추위가 몰려오
고, 우리는 서둘러 숙소 캠프로 들어갔다.

사막 걷기

가이드 사이드와 함께

저녁 시간이 되자 음식이 차려졌다. 밥과 라면, 모로코 전통 음식인 따진, 그리고 후식으로 석류 과일까지 푸짐해 모두가 감탄했다. 식사 후에는 모닥불을 피우고 야외에서 공연이 열렸다. 가이드와 요리사, 낙타 몰이꾼 등 전 스태프가 연주자로 참여했다. 악기는 오직 북 하나였지만, 북소리에 흥겨운 노래가 얹어지니 환상적인 무대가 펼쳐졌다. 어두운 사막에서 모닥불이 타고, 음악이 흐르고, 하늘에서는 별이 빛나는 분위기는 사막만의 축복이었다. 공연 후에는 다함께 모래 언덕에 올라 별을 감상하는 시간을 가졌다. 은하수가 흐르고, 사방에서 별이 쏟아져내렸다. 어린왕자의 눈이 깊고 맑은 건, 어쩌면 매일 밤 빛나는 별을 봤기

사막에서 인생샷 찍기

때문이 아닐까.

밤 12시가 다 되어 달이 떴다. 사막에서 달이 뜰 거라고 상상하지 못했다. 사막의 뜬 달은 서늘하게 밝았다. 늦은 밤에는 모닥불을 지피면서 너도나도 배낭에 넣어온 술을 꺼냈다. 이런저런 여행 에피소드를 나누면서 사막의 밤이 깊어갔다. 그리고 이른 아침에 일어나 해가 뜨는 걸 감상했다. 일행들과 함께 오들오들 떨면서 사막에 뜨는 해를 기다렸다. 기다리는 건 힘들지만, 뜨는 건 순식간이었다. 일출 감상 후 다시 낙타를 타고 숙소로 돌아왔다. 사막의 하룻밤은 황홀했다. 눈 쌓인 설산이 그렇듯, 깊은 바다가 그렇듯, 사막에는 원초적 힘이 있었다.

사막에서 돌아온 날은 신발에서 옷에서 귀에서 끊임없이 나오는 사막의 모래에 진저리가 났지만, 금방 모래가 그리워졌다. 다음 날은 유유자적 보냈다. 무언가 중요한 일을 잘 치른 뒤에 오는 여유와 뿌듯함을 만끽했다. 짬이 날 때마다 테라스로 나와 사막 쳐다보는 걸 잊지 않았다.

그날 밤에 사막 투어를 함께한 일행들과 이야기를 나누는데, 숙소 주인장 알리가 부른다. 그를 따라갔더니 어둠 속에서 레이저를 켜고 별자리를 알려준다. 그의 레이저가 닿은 별들은 카시오페아가 되고, 북극성이 되고, 은하수를 헤엄치는 비행기가 되고, 작은 곰과 낙타가 되었다. 고마워서 그를 와락 끌어안았다.

알리 집에서 열흘 넘게 죽치는 여행자들의 심정을 이해할 수 있었다. 그 시간과 여유가 부러웠다. 사막에 해가 넘어가는 것도 다음 날 해가 떠오른 것도 지켜보고, 또 떠나기 직전까지 사막을 바라보고 떠났다.

MOROCCO

페스
천 개의 골목

페스 골목

알리네 집에서 한국인 여행자들과 함께 차를 대절해 페스(Fez)로 향했다. 오전 10시쯤 출발해 오후 7시쯤 페스에 도착했다. 페스 직전에 높은 고원지대에 올라오자 눈이 내렸다. 차에서 내려 눈을 맞았다. 새해 첫 눈을 아프리카에서 맞을지 몰랐다. 아프리카 땅의 첫눈은 왠지 특별하게 느껴졌다. 사막을 나오니 눈이 오고 비가 내린다.

페스는 801년 이드리스왕조의 제2대 이드리스 2세가 수도로 삼고 발전한 모로코에서 가장 오래된 도시다. 페스에는 1천 개 넘는 골목이 있다고 한다. 핸드폰 지도를 보면서 길 찾아가는 데는 자신이 있었지만, 이 골목에서는 속수무책이었다. GPS가 잘 안 잡히기 때문이다. 그래서 소위 '길 삐끼'들이 활개를 친다. "그 길 막혔어. 거기 위험해. 널 위해서 하는 말이야"라고 말하지만, 전부 거짓말이었다. 영어를 잘 하는 젊은이들이 왜 길에서 여행자들에게 이런 짓을 하는지. 안타깝다.

지도를 보면서 길 찾는 걸 포기하고, 가이드를 따라다니는 관광객의 뒤꽁무니를 따라다녔다. 그렇게 페스의 유명한 가죽 무두질공장(Chouara Tannery)과 모스크 등을 구경했다.

오후에는 페스 외곽 언덕에 자리한 페스 브르즈 노르드(Borj Nord)성에 올랐다. 전시된 무기들이 흥미로웠지만, 그보다 페스 시내 조망이 탁월했다. 페스 메디나에는 1천 개가 넘는 골목이 거미줄처럼 퍼져 있지만, 여기서 보면 그저 하나의 큰 마을일 뿐

가죽 무두질공장

페스시장의 입구인 블루게이트

이다. 저 안에서 사람들은 악다구니 쓰면서 살지만, 여기서 보면 얼마나 가소로운가. 그래서 세상은 가까이서도 볼 줄 알고, 멀리서도 볼 줄 알아야 한다고 했나 보다.

페스에서 며칠 머물면서 골목 구석구석을 걸었다. 시장 골목에는 대장간, 가죽 제품, 장식품, 곡물 등등 없는 게 없었다. 그곳

을 터전으로 살아가는 페스 서민들의 삶의 무늬는 소박하지만
마음을 당기는 게 있었다. 그들은 사하라사막, 아틀라스 산맥 등
풍요로운 자연이 주는 압도적 풍광만큼이 감동적이었다. 여행지
중에는 다녀온 후에 잔잔하게 울리면서 자꾸 생각나게 하는 곳
이 있다. 페스는 그런 곳이었다. 마라케시가 워낙 볼 게 많고 머

대장간 아저씨

무르며 즐거웠지만, 페스만큼 잔잔한 기억은 없다. 그건 뭘까. 페스가 가진 힘이 아닐까 싶다.

페스 공항으로 가는 시내버스를 탔다. 버스는 심각하게 낡았다. 버스가 공항으로 가는 게 용했다. 버스 안은 학교가 끝났는지 아이들이 가득했다. 아이들은 버스 안에서 뛰어다니며 장난치며 신나게 놀았다. 아이들 구경하는 게 재미가 쏠쏠하다. 아이들은 어느 세계나 비슷하다. 아이들이니깐. 배낭에는 시장에서 산 오렌지가 몇 개 들어 있다. 작고 귀여운 녀석들과 스페인 안달루시아로 여행을 떠난다.

SPAIN

8
스페인

세비야
대성당과 콜럼버스

콜럼버스의 관

다시 날았다. 모로코 페스에서 스페인 세비야로. 스페인 여행은 남쪽 안달루시아 지역을 집중적으로 둘러보기로 했다. 지중해 한 바퀴 여행의 큰 매력 중 하나는 대륙을 건너다니는 것이다. 유럽 대륙에서 아프리카, 다시 아프리카에서 유럽으로. 타파스와 와인이 기다린다고 생각하니 힘이 불끈 났다.

밤비행기는 '헤라클레스의 기둥'으로 불리는 지브롤터 해협(Gibraltar, Straitof)을 건넜다. 이 해협은 대서양과 지중해를 경계 짓고, 유럽 대륙과 아프리카 대륙을 나눈다. 가장 폭이 좁은 곳의 거리는 불과 14㎞다. 해상교통 및 군사상으로 중요한 지역이다 보니 강대국들의 각축장이 됐다. 지금은 지중해 쪽 출입구인 유럽대륙 안에는 영국 직할령의 반도 지브롤터(Gibraltar)가 있고, 아프리카 대륙 안에는 에스파냐령의 군항 세우타(Ceuta)가 있다.

세비야 공항에 도착해 공항버스 타고 시내로 들어왔다. 비 그친 시내는 반짝반짝 빛나고 있었다. 숙소에 도착해 4인용 도미토리 방에 들어서니, 여성 여행자 한 분이 짐을 풀고 있었다. 짐을 침대 앞에 내려놓으며 나도 모르게 "에구 힘들어~"하고 탄식처럼 말이 나왔다. 그러자 그 여성이 아는 체를 한다. 한국인이었다. 그는 포르투에서 왔다. 페스에서 가져온 오렌지 두 개를 주고 포르투 기념품이라는 작은 초콜릿 와인을 받았다. 왠지 물물교환을 잘 한 기분이었다.

짐을 던져놓고 서둘러 타파스 바를 찾았다. 밤 12시가 넘었는

타파스 바에서 행복한 필자

데 다행히 문 연 바가 있었다. 칵테일인 상그리아(sangria)와 문어
감자샐러드, 옥스테일을 시키고 세비아 입성을 자축했다. 자유
롭게 술을 먹는 게 이렇게 좋을 수 없었다. 이슬람 국가에서 그리
스도교 국가로 온 걸 이보다 더 강렬하게 실감할 수 있을까. 타파
스 안주는 왜 이리 맛난지. 비틀거리면서 숙소에 돌아와 침대에
몸을 던졌다. 스르르 깊은 잠에 빠져들었다. 세비야에 며칠 머물
면서 항상 이렇게 잠이 들었다. 모두 타파스 때문이다.

　세비야 대성당(Catedral de Sevilla)은 오전 11시에 문을 연다. 늦어
도 너무 늦다. 세비야는 게으른 사람들의 천국 같다. 여행자 입장
에서는 불만이지만, 이곳 사람들은 좋겠다. 느긋하게 아침 시간을
보내다가 성당을 찾았다. 성당은 본래 모스크였다. 1184~1198년
이슬람 왕조가 모스크와 미나렛(탑)을 건설했고, 에스파냐 페르난
도 3세의 1248년 세비야 재정복 후 모스크는 성당으로 바뀌었다.

세비야 대성당

엘 히랄디요

세비야 대성당 입구에 서자 하늘을 찌르는 화려한 건물에 입이 쩍 벌어졌다. 성당은 1402년부터 약 1세기에 걸쳐 건축되면서 여러 양식이 뒤섞였지만, 고딕 양식이 대세를 이룬다. 성당 옆의 우뚝한 탑은 본래 모스크의 미나렛이었다. 돔을 떼내 종탑을 만들고, 탑 꼭대기에 한손에 방패 다른 한손에는 종려나무 가지를 들고 있는 청동 여인상 '엘 히랄디요(El Giraldillo)'를 달았다. 그래서 '히랄다 탑'으로 불린다. 바람이 불면 회전하는 바람개비인 엘 히랄디요는 가톨릭 신앙에서 승리를 의미한다. 탑을 부수지 않은 게 고맙게 느껴졌다.

탑을 자세히 보니 낯익다. 생각해보니 마라케시 제마엘프나 광장 맞은편에 있던 코우토우비아 모스크의 미나렛과 비슷했다. 알고보니 모로코의 베르베르인 왕조가 스페인 남부를 점령하고 세비야에 코우토우비아 모스크와 유사한 모스크와 탑을 세웠다고 한다. 마라케시와 세비야가 이렇게 연결됐다.

성당 내부로 들어가려면 남쪽 출입구로 들어가는데, 그 앞에도 거대한 엘 히랄디요 동상을 세웠다. 성당 안으로 들어서자 운동장처럼 너른 공간이 나온다. 유명한 캄파나의 〈십자가에서 내려지는 그리스도〉, 고야의 〈후스타와 루피나 성녀〉, 무리요의 〈무염시태〉 등 주요 볼거리들을 천천히 감상했다.

예수의 생애를 조각한 중앙 제단(Capilla Mayor)이 눈부시게 빛난다. 이 제단은 1480년부터 1560년까지 무려 80년이 걸렸고, 금 20톤을 사용해 황금 제단으로 불린다. 이 금은 모두 어디에서 가 세비아 대성당의 히랄다 탑은 본래 모스크의 미나렛이었다.
히랄다 탑과 비슷한 모로코 마라케시의 코우토비아 모스크의 미나렛

져왔을까? 콜럼버스 신항로 개척 이후 신대륙에서 가져왔다.

세비아 대성당에서 가장 유명한 건 콜럼버스의 관이다. 옛 스페인의 4개 왕국인 레온, 나바라, 아라곤, 카스티야 왕이 콜럼버스의 무덤을 짊어지고 있다. 앞에 두 인물은 당당하고 인자한 얼굴로 콜럼버스를 후원한 카스티야와 레온 왕국을 상징한다. 뒤에 두 인물은 고개를 떨군 채 관을 받들고 있다. 콜럼버스에게 호의적이지 않았던 아라곤과 나바라 왕국이다. 콜럼버스의 강력한 후원자였던 이사벨 여왕이 죽자 콜럼버스에 대한 지원이 끊기고 심지어 멸시하자 콜럼버스는 "다시는 스페인 땅을 밟지 않겠다"고 했다. 고인의 유지를 받든다는 의미로 그의 관은 공중에 떠 있다고 한다.

이탈리아 제노아 출신 콜럼버스의 무덤이 왜 여기에 있을까. 역사학자들은 1492년 콜럼버스의 신대륙을 향한 항해는 지중해 세계에서 대서양의 세계로 바뀌는 기점이고, 유럽 주도의 세계사가 시작됨을 알리는 신호탄으로 이야기한다. 그 출발점이 세비아다. 1492년 콜럼버스가 이끄는 3척의 배는 세비야 서쪽으로 100㎞쯤 떨어진 우엘바(Huelva)의 팔로스 항구(Port of Palos)를 출항했다. 이를 계기로 남아메리카 대륙은 스페인의 식민지가 됐고, 신대륙의 부가 세비야를 통해 들어와 스페인을 살찌웠다.

1492년은 레콩키스타(Reconquista)가 완성된 해이기도 하다. 800년 이슬람의 지배를 끝내고 스페인은 비로소 통일됐다. 통일의 힘과 신대륙의 부 덕분에 스페인은 유럽 최고 강대국으로 떠올랐다. 그러나 식민지 입장에서 보면, 콜럼버스의 항해는 상상도 못할 재앙의 출발점이었다. 재앙은 서양 제국주의 국가들의 식민지 쟁탈전으로 이어졌다. 결과는 비참했다. 2번의 세계대전이 일어나 수많은 사람이 목숨을 잃었다.

성당 안뜰에 정원처럼 꾸며졌고 오렌지나무가 가득하다. 여기가 예전에 모스크였다는 증거다. 성당은 보물로 가득했지만, 오렌지나무들이 더 보물처럼 느껴졌다. 바람에 날리는 오렌지 향기를 맡으며 안뜰을 서성거렸다.

대성당 안뜰에는 오렌지가 가득한 정원이 있다.

세비야 대성당 가까이에 세비야 레알 알카사르(Real Alcazar de Sevilla) 궁전이 있다. '알카사르'는 '궁전'을 뜻하는 아랍어다. 이름처럼 무슬림이 지은 아랍 양식의 궁전을 말한다. 예전 이슬람 왕조가 지녔던 궁전으로 오해하기 쉽지만, 스페인 기독교 세력의 왕이 1248년 세비야를 재정복, 레콩키스타(Reconquista)한 후에 기존에 건물을 고쳐 짓고 살았다.

참 이상하다. 세비야 대성당에 있던 모스크는 때려부수고 성당으로 재건축했는데 왜 왕궁은 이슬람 건물을, 그것도 아랍 양

알카사르 전경

식으로 고쳐 살았을까? 궁금증은 알카사르를 구경하고 나서 풀렸다. 뛰어난 기술과 아름다움, 정원의 쾌적함 등으로 요약할 수 있겠다. 일단은 건축 기술이 뛰어나다. 스페인을 지배한 이슬람 세력은 당시 유럽 최고 문명을 일구었다. 당연히 기독교 국가의 기술보다 압도적으로 높았다.

'무데하르(Mudejar)'라는 말이 있다. 레콩키스타 이후 무슬림의 일부가 잔류했는데, 무데하르는 기독교도의 보호 아래 있던 무슬림들에게 붙여진 명칭이다. 그들은 자연스럽게 아랍-이슬람 문화와 기독교 스페인의 문화를 결합시키는 데 이바지했다. 그래서 무데하르는 흔히 기독교문화와 이슬람문화가 융합해 출현시킨 양식 혹은 고딕양식과 무어양식의 결합이 낳은 문화를 일컫기도 한다.

알카사르 궁전이 대표적인 무데하르 건물이다. 궁전의 기원은 고대 로마의 성채로 거슬러올라간다. '알-무와라크(축복받은)'라는 이름으로 불리는 12세기의 알모하드 궁전을 거쳐 오늘날 대부분 건물들은 페르난도 3세가 1246년 세비야를 재정복한 뒤에 세워졌다. 1364년 카스티야의 페드로 왕(1334~1369년)은 애인 마리아 파디야를 위해 세비야, 톨레도, 그라나다 등지에서 장인들을 불러 더욱 화려하게 궁전을 지었다.

한국어 오디오가이드가 있어 설명을 들으면서 편하게 구경할 수 있다. 제독의 방은 1492년 콜럼버스가 발견한 신대륙을 통치하기 위해 1503년 세운 무역관이다. 무역관은 이사벨 1세 여왕

제독의 방에 있는 항해의 성녀

이 신대륙 무역을 장려하고 제도를 만들기 위해 만들었다. 16세기 세비야는 신대륙 무역을 통해 세계 무역의 수도 역할을 했다. 신대륙의 막대한 금과 보물이 세비야를 통해 스페인으로 퍼져나갔다. 제독의 방에는 당시 활동하던 무역선 모형이 있고, 그 무역선이 나오는 알레흐 페르난데스가 그린 〈항해의 성녀〉가 걸려 있다.

성모 망토 안쪽에 검은 인디오가 그려져 있다. 이는 신대륙의 인디오에게 가톨릭을 전파했음을 의미한다. 인디오들은 가톨릭 종교를 강요당하고 노예로 끌려가고 페스트로 몰살당했다. 이것이 신대륙 무역의 실상이었다.

제독의 방에서 나와 알카사르의 하이라이트인 페드로 1세의 궁전을 찾았다. 바닥과 천장, 문과 창문 등이 화려한 장식으로 가득하다. 이곳을 지나면 유명한 소녀의 안뜰이 나온다. 긴 직사각형 모양의 연못 수로와 오렌지나무가 있고, 사방으로 그리스식 기둥과 로마식 아치의 벽을 화려하게 장식했다. 이보다 더 화려하게 장식할 수 있을까? 하는 생각이 들 정도로 화려했다. 이 장식의 아름다움에서 모로코의 베르베르인의 냄새를 났다. 모로코 마조렐 정원 베르베르 박물관에서 만났던 그 화려함이 이렇게 변주되어 있는 건 아닐까.

샤를르 5세의 천장 방에서는 장엄한 천장 장식을 고개를 꺾고 바라보느라 고개가 아플 지경이다. 화려함은 대사의 방에서 절정을 맞는다. 이 방은 왕이 세계 각국의 대사를 맞는 방이다. 마치 우주를 상징하는 듯한 황금빛 돔형 천장과 화려한 세공은 그야말로 압권이다. 화려한 후광을 두른 왕 앞에서 각국의 대사들은 얼마나 기가 죽었을까.

플라멩코는 투우와 함께 스페인을 대표하는 문화로 집시의 영혼이 깃든 춤이다. 주로 스페인 남부 안달루시아 지방에서 발달한 이유는 그곳에서 정치적 문화적으로 차별받고 소외된 무슬림, 유대인들과 토착 안달루시아인들의 문화가 융합되어 발전했기 때문이다. 플라멩코에 나오는 노래는 우리나라 '한'이 담긴 판소리처럼 떨림과 슬픔이 가득하다.

공연 관람 장소로 플라멩코 박물관(Museo del Baile Flamenco), 라 카사 델 플라멩코(La Casa del Flamenco) 공연장, 식당의 무료공연 등을 놓고 고민했다. 박물관은 가격이 너무 비싸고, 식당은 공연 수준이 떨어질 수 있어 카사 플라멩코를 선택했다.

공연장에 일찍 와서 줄을 섰다. 덕분에 맨 앞줄에 앉았다. 공연장은 소공연장으로 무대와 관객석이 코앞이다. 자그마한 무대에는 4개의 의자가 놓여 있다. 공연이 시작되자 출연자 4명이 무대에 오른다. 여자 무용수가 무대로 서고, 나머지 3명은 의자에 앉는다. 플라멩코 공연자의 호칭은 기타리스터(기타 반주자) 칸타오르(남성 가수), 칸타오라(여성 가수), 바일라오르(남성무용가), 바일라오라(여성 무용가)다.

기타의 선율이 객석으로 건너오고 칸타오르의 구성진 목소리가 울려 퍼졌다. 그러면 쿵쿵~ 무대를 박차며 바일라오라의 춤이 시작된다. 점점 고조되는 그녀의 춤은 거의 신내림 수준이다. 발 스텝이 갑자기 우레처럼 몰아치는데, 상당한 절제가 있었다. 이어 바일라오르가 올라오고 두 사람은 몸으로 밀고 당긴다. 바일라오라의 눈빛은 뇌쇄적이고, 몸은 관능적이다. 과하지 않으면서도 절제된 몸동작과 손에 든 작은 캐스터네츠로 리듬을 더한다. 무대의 주도권은 전적으로 바일라오라다. 춤이 끝나면 큰 박수를 안 칠 수 없었다.

플라멩코 공연

바일라오라가 춤추다가 귀고리가 떨어졌는데 그걸 내 옆에 앉은 사람이 주웠다. 그걸 돌려주자 여성 무용수가 웃는다. 아깝다. 내가 주웠으면 눈 한번 맞출 수 있었을 텐데……. 1시간이 후다닥 지나갔다. 온몸이 후끈 달아오르는 공연이었다. 서늘한 밤거리를 걸어 찍어둔 타파스 집을 찾았다.

세비야의 밤은 특별하다. 한량들에게 천국이다. 플라멩코 공연을 보고 밤늦게까지 타파스를 즐길 수 있다. 타파스 집들의 로맨틱 분위기와 아기자기한 맛의 타파스들은 너무나 사랑스럽다. 문어 요리인 뽈뽀, 감자, 돼지고기 등 맛있는 타파스 안주를 놓고 와인과 맥주를 마셨다.

불콰하게 취해 비틀거리며 숙소 가는 길에 보데가(Bodega Santa Cruz) 타파스 집을 만났다. 술집 앞에 사람들로 그득했는데 여기가 세비야에서 유명한 집이다. 과연 실내는 사람들로 꽉 찼고, 외부에도 사람들이 바글바글했다. 오토바이 라이더가 음악을 크게 틀어놓고 춤을 췄다. 취중 나도 그 자리에 껴 분위기를 즐겼다. 사람들을 헤집고 맥주 한 잔을 샀는데, 작은 잔이 1유로에 불과했다. 술집 사람들과 어울려 세비야의 밤을 즐겼다. 그리고 어두운 밤거리를 걸어 숙소로 돌아왔다.

SPAIN

론다
투우에 담긴 스페인의 역사

론다 투우장

아침 8시쯤 숙소를 나왔다. 어둑어둑하고 한적한 거리를 걸어 버스정류장에 닿았다. 버스는 안달루시아의 풍요로운 내륙을 달린다. 작은 마을의 시골장터에서 옷들이 바람에 날렸다. 버스는 우리나라 시골버스처럼 여기저기 마을을 다 들렀다.

대개 여행자들은 세비야에서 당일치기로 론다에 다녀온다. 나는 하룻밤을 묵기로 했다. 하룻밤을 묵는 건 내 여행 모토이기도 하다. 하룻밤을 자야 그곳의 속살이 더 잘 보이니깐.

론다는 누에보 다리를 중심으로 둘러보지만, 산책 수준의 가벼운 트레킹으로 즐기는 게 좋다. 토로스 광장(Plaza de Toros)을 출발점으로 론다 투우장, 론다 전망대(Mirador de Ronda), 누에보 다리, 알베르게 몰리노스(Albergue Los Molinos), 토로스 광장 등을 순서대로 걸으면 된다. 3시간쯤 걸리는데, 이렇게 한 바퀴 돌면 론다의 진면목을 거의 둘러볼 수 있다.

토로스 광장의 관광안내소에서 지도를 받고 출발했다. 광장에는 황소 동상이 서 있고, 그 뒤로 거대한 투우장이 자리잡고 있다. 투우는 스페인의 국가 스포츠다. 스페인 사람들의 투우 사랑은 유별나다. 입장권을 끊고 안으로 들어서자 2층 구조의 웅장한 모습이 눈에 들어온다. 18세기에 건축된 투우장은 마치 로마의 작은 콜로세움처럼 느껴진다. 황토가 깔린 투우장 한가운데 섰다. 여기서 황소와 투우사가 목숨을 걸고 싸웠다고 생각하니 가슴이 뜨거워진다.

투우장 내 투우박물관이 있다. 스페인 투우의 역사, 투우사들의 복장과 유명 투우사의 사진을 만날 수 있다. 박물관을 둘러보고 무지했던 투우의 역사를 알 수 있었다. 투우에는 스페인의 역사가 담겨 있었다. 투우는 스페인 기독교 왕국 기사들이 이슬람 왕국을 재정복한 이후에 발달했다. 전쟁 이후 발달한 기마술을 사용할 데가 없었다. 그래서 처음에는 말을 타고 소를 잡는 형태로 시작했다. 소가 상대방인 이슬람 전사의 역할을 한 셈이다. 그러다가 경기가 발전하면서 말에서 내려 좀더 적극적으로, 겁 없

투우장 내 박물관

스페인

암벽 위의 도시 론다

이 소를 상대했다. 죽기 아니면 살기로. 그게 투우였다. 그러나 물론 낭만적이고 멋지지만 마초들의 객기일 수도 있다. 한 유명 투우사는 소를 무려 600마리나 죽였다고 한다. 오늘날 투우는 거의 사라지는 추세다.

투우장을 나와 다시 광장에서 앞쪽으로 가면 론다 전망대가 나온다. 전망대에서 아래쪽을 내려다보고 화들짝 놀랐다. 론다의 들판이 까마득히 내려다보였다. 전망대가 이렇게 높은 암반 위에 자리한 줄 몰랐기 때문이다. 버스를 타고 이미 약 730미터 높이의 론다로 들어와버렸다.

누에보 다리

전망대에서 왼쪽으로 이어진 길이 헤밍웨이 산책로(Paseo de E
Hemingway)다. 절벽을 따라 이어진 전망 좋은 길이다. 길에는 헤밍
웨이의 얼굴이 새겨진 기념물이 서 있다. 투우광이었던 헤밍웨이
는 수시로 투우를 즐기고, 이 길을 산책하면서 그 유명한 〈누구를
위해 종을 울리나〉를 집필했다. 헤밍웨이는 투우사를 예술가로
봤다. "투우는 예술가가 죽음의 위험에 처하는 유일한 예술"이라
는 말을 남겼다.

헤밍웨이 산책로는 누에보 다리로 이어진다. 누에보 다리 위
에 서면 그저 고풍스러운 돌다리로 보이지만, 다리 밖으로 고개
를 내밀면 까마득한 협곡이 내려다보인다. 다리 높이는 무려 98

누에보 다리 전망대에서 바라보면 다리는 물론 계곡에 숨어 있는 폭포도 볼 수 있다.

미터. 협곡에 벽돌을 하나하나 쌓아올렸고, 42년 공사 끝에 1793년 완공됐다. 누에보 다리 덕분에 구시가지와 신시가지가 막힘없이 연결됐다.

누에보 다리를 건너 골목길을 좀 따르다보면, 다리 아래쪽으로 내려가는 길이 보인다. 그곳으로 지그재그 내려가면 누에보 다리 전망대에 도착한다. 거대한 절벽 사이에 놓인 웅장한 누에보 다리의 진면목이 한눈에 들어온다. 계곡에 자리한 폭포도 보인다. 폭포는 자신의 존재를 드러내듯 쏴~ 우렁찬 소리와 함께 물줄기를 시원하게 쏟아낸다. 폭포와 다리, 그리고 절벽이 어우러져 그야말로 한 폭의 그림처럼 아름답다. 대개 사람들은 여기까지 보고 올라간다. 하지만 더 내려가야 한다.

누에보 다리 전망대에서 돌로 포장된 도로를 따라 내려가면 드디어 협곡 바닥에 닿는다. 여기서 올려다봐야 론다가 절벽 위에 세워진 도심임을 알 수 있다. 성벽처럼 우람한 암벽이 강인하고 옹골찬 느낌이다.

구불구불 이어진 길을 따르니 '산티아고 순례길'에서나 만날 수 있는 '알베르게' 숙소를 알리는 간판이 보인다. 의아해서 그곳으로 가보니 계곡 깊숙한 곳에 숙소인 '알베르그 로스 몰리노스'가 있었다. 알베르게 앞은 단풍 든 나무들이 가을의 정취를 물씬 풍겼고, 위로는 론다의 암벽들이 기막히게 펼쳐졌다.

알베르그 안으로 들어가자 불을 지핀 벽난로가 있고, 따뜻하고 편안한 분위기였다. 나는 무슨 보물이라도 발견한 듯 눈이 휘

계곡 아래 자리해 누에보 다리와 론다 암벽 풍광이 일품인 알베르게

둥그레졌다. 분위기가 좋아 와인 한 잔을 마시면서 쉬었다. 그런
데 내려오면서 봤던 한 여행자가 들어왔다. 슬리퍼 신고 장바구
니들을 들고 걸어서 다소 이상하게 봤었다. 알고보니 이 숙소에
묵는 사람이었다. 눈이 마주쳐 인사하니 한국인이었다.

론다 들판

　우연히 만난 여행자와 와인과 음식을 나눠먹었다. 이런저런 여행 이야기를 나누다가 그가 산티아고 순례길을 완주하고 스페인 여행 중이라고 해서 깜짝 놀랐다. 그 표정이나 말을 들어봐도 순례길이 얼마나 감동적이었는지 느껴졌다. 부러워서 이런저런 이야기가 꼬리에 꼬리를 물고 이어졌다. 그리고 헤어져 다시 길을 나섰다. 다음에는 꼭 이곳 알베르게에서 자야겠다.

알베르게를 나오면 올리브나무가 가득한 풍요로운 들판이 펼쳐진다. 와인빛 붉은 빛을 내는 들판은 론다의 암벽만큼이나 신비로웠다. 구불구불 이어진 길을 한동안 따르면 언덕에 올라서고, 전망 좋은 능선을 따르면 도로를 만나면서 론다 시내로 들어온다. 슈퍼에서 한국 라면과 와인을 사와 숙소 부엌에서 음악을 크게 틀어놓고 론다의 밤을 즐겼다. 라면을 먹다 벌떡 일어나 춤을 췄다. 내가 봐도 가관이었다.

SPAIN

알푸자라 마을
시에라네바다산맥과 모리스코스

마을 꼭대기에서 본 설산

추워서 일찍 깼다. 숙소는 난방이 부실했다. 오늘은 그라나다로 떠나는 날이다. 오후 기차시간을 오전으로 바꾸었다. 론다를 비교적 알차게 둘러봤기 때문에 미련 없이 일찍 떠난다.

시나브로 투명해지는 텅 빈 거리를 걸어 론다역에 도착했다. 어둠은 점점 푸르게 변하는 모습은 언제나 경이롭다. 아침 일찍 움직이면 이런 풍경을 보는 게 좋다. 기차는 안달루시아의 풍요로운 내륙을 관통한다. 도처에 보이는 올리브나무들, 올리브나무만 보면 여기가 스페인지 튀니지인지 모르겠다. 그만큼 올리브나무가 튀니지처럼 스페인에도 가득하다. 올리브나무의 원산지는 북아프리카다.

어젯밤에 머리를 굴려 여행 계획을 수정하고 환호했다. 아침 일찍 출발한 덕분에 그라나다에 도착해 시에라네바라 산맥의 마을 트레킹을 할 짬이 났다. 트레킹 가능한 시간은 단 2시간 30분. 애초에 여행 계획을 세우면서 시간이 부족해 시에라네바다 산맥의 알푸자라(alpujara) 지역의 팜파네이라(Pampaneira), 부비온(Bubión), 카필레이라(Capileira) 3개 마을 트레킹을 뺐었다.

그라나다역에 도착, 숙소에 짐을 놓고 나오느라 늦어 택시를 타고 버스정류장에 닿았다. 버스에서 바라본 눈 덮인 시에라네바다 산을 보니 콩콩 가슴이 뛴다. 알푸자라 지역은 보이는 산의 반대편이다. 버스는 산허리에 올라 구불구불 이어진 길을 따르면서 차례대로 팜파네이라, 부비온을 거쳐 카필레이라에 닿았다. 트레킹은 반대로 걸어서 내려가면 된다.

카필레이라에 내려 어디로 가야 할지 몰라 잠시 어리둥절하다가 일단 골목길로 들어가 올라갔다. 조금 오르자 조망이 활짝 열린 전망대가 나왔다. 눈 덮인 설산과 계곡의 늦가을 풍경이 어우러졌다. 아, 황홀하다. 오길 참 잘했다.

알푸자라 산악 마을들은 시에라 네바다(Sierra Nevada)의 남쪽 측면에 자리잡고 있다. 대표적으로 알려진 게 3개 마을이고, 대략 50여 개의 마을이 있다. 집들이 모두 흰색인 특징을 가지고 있다.

알푸자라 산악 마을의 역사는 스페인의 레콩키스타로 거슬러 올라간다. 카스티야와 레온, 아라곤의 공동 군주인 이사벨라와 페르디난트의 레콩키스타 세력은 1491년 그라나다 조약을 맺고, 1492년 스페인을 통일한다.

그라나다 조약은 마지막 이슬람왕국인 그라나다의 술탄과 이사벨라와 페르디난트 군주 사이에 맺은 조약으로 일명 '그라나다 항복 문서'로 불린다. 술탄은 깨끗하게 항복하면서 대신 무슬들에게 종교적 관용을 포함하는 일련의 권리들을 보장받았다. 그러나 스페인을 통일한 후에 레콩키스타 세력은 오만해졌다. 약속을 헌신짝처럼 버리고, 무슬림들을 기독교로 강제 개종시켰다.

이 일이 기폭제가 되어 무슬림들은 1499년 반란을 일으켰고, 알푸자라 등의 산악 마을도 반란에 따랐다. 반란은 1501년 진압

됐다. 반란 진압 후 레콩키스타 세력은 무슬림들에게 양자택일을 강권한다. 개종과 추방. 대다수 무슬림은 살기 위해 개종한다. 이들을 모리스코스(Moriscos)라고 부른다. 개종 후에도 모리스코스는 그들의 언어와 관습, 그리고 전통을 유지했다.

1556년 필립 2세는 그라나다 대주교가 주장한대로 모리스코스의 언어, 의복, 관습 등을 금지하고, 자식들을 카스티야로 데려가 기독교 관습을 배우도록 하는 황당한 주장을 따른다. 결과는 다시 반란이었다. 1568~1571년의 반란을 '알푸자라스 전쟁'이라고 부르기도 한다. 그 결과 8만 명의 모리스코스는 각 지방으로 추방됐고, 끌려가다가 많은 사람이 죽었다. 이로써 그라나다

카필레이라 마을의 집. 굴뚝이 귀엽다.

의 인구는 절반으로 준다. 경제 사회 문화에서 큰 주축을 담당하는 모리스코스와 유대인의 추방으로 그라나다는 물론 스페인은 허리가 휘청거렸다. 만약 통합과 관용의 정책을 펼쳤다면, 스페인 어느 나라 넘볼 수 없는 세계 최강국으로 자리잡았을 것이다.

전망대에서 내려와 카필레이라 마을길을 따른다. 시원하게 콸콸 쏟아지는 식수대가 보인다. 척 봐도 그냥 마실 수 있는 맑은 물이다. 물통에 채워 들이켜자 청량함이 쏟아져들어온다. 마을의 집들은 사각형을 기본으로 버섯처럼 생긴 굴뚝을 가지고 있다. 굴뚝을 보니 스머프의 집이 떠올랐다.

창문과 대문을 꽃으로 장식했고, 돌로 포장된 골목길이 고풍스럽다. 골목을 따라 내려오자 작은 광장이 나온다. 산비탈에 만든 마을에서 이렇게 광장이 있는 게 용하다. 식당들이 내놓은 야외 테이블에서 사람들이 식사를 즐기고 있다. 가을볕이 따뜻하다.

부비온으로 향했다. 이정표를 따르면 가옥 아래로 길이 이어진다. 담벼락을 따르는 흙길이 수더분하다. 마음을 편하게 해주는 길이 이어진다. 걷는 발걸음에 행복함이 묻어난다. 산비탈에는 가을이 깊었다. 뒤를 돌아보니, 카필레이라 마을 뒤로 설산이 잘 보인다. 설산 위로 마치 히말라야 같은 구름이 감싸고 있다. 파키스탄 훈자 마을이 떠올랐다.

어느새 부비온으로 들어섰다. 윗마을과 달리 인적이 뜸하다. 관광객을 위한 식당과 상점들이 하나도 없다. 마을 광장 가운데

부비온 가는 길에 올려다본 카필레이라

분수대에서 물이 퐁퐁 솟고 한 연인이 벤치에 있다. 여성이 남성 다리를 베고 편안하게 누워 있다. 주변과 어울려 그대로 한 폭의 풍경이다.

팜파네이라로 길을 나섰다. 길섶에서 붉게 익은 감, 단풍 든 생강나무, 미루나무, 익어서 떨어진 밤을 만났다. 영락없이 우리나라 가을 풍경 같아 정겨웠다. 설렁설렁 내려와 팜파네이라 마을을 내려다본다. 집의 지붕들과 굴뚝들이 인상적이다. 집 생김새는 유럽 문명의 집이 아니다. 파키스탄 칼라쉬 마을에서 본 듯한

미루나무 숲길

빨래터

무슬림 또는 원시적 가옥의 형태다. 성당 건물과 탑을 자세히 보면 좀 어색하다. 모스크를 성당으로 개조했기 때문이다. 알푸자라 마을들은 예로부터 무슬림들이 살았던 곳이다. 무슬림은 쫓겨났고, 그 빈자리를 기독교인들이 들어와 마을 일부를 바꿨다. 그래서 마을에는 무슬림과 기독교인들 양식이 섞여 있다.

팜파네이라는 3개 마을 중 가장 크고 사람도 많다. 길에 물길을 내놓은 게 신기하다. 졸졸졸 마치 계곡처럼 흐른다. 마을 한가운데 빨래터가 있다. 흘러온 물이 여러 개로 나누어진 공간으로 들어간다. 여기서 아낙들이 사이좋게 수다 떨며 빨래를 했으리라. 그 모습을 상상하니 웃음이 절로 났다. 마을을 할 일없이 어슬렁거리다 시간 맞춰 그라나다행 버스에 올랐다. 2시간 30분의 알찬 산책이었다.

SPAIN

그라나다
알람브라 궁전보다 타파스의 추억

헤네랄리페 궁전에서 본 알람브라 전경

그라나다는 알람브라 궁전을 빼놓고 이야기할 수 없다. 숙소에서 멀지 않아 슬슬 걸어가 궁전에 입장했다. 알람브라 궁전 예약은 나스리 궁전 시간만 예약하면 된다. 예약 시간은 11시 30분. 궁전의 다른 곳을 구경하다가 시간 맞춰 가면 된다.

알람브라 궁전은 스페인 이슬람 예술의 결정체다. 자연과 인공의 조화, 우아함과 섬세함, 부드러움과 강건함이 뒤섞여 있다. 오늘날 알람브라 궁전이 스페인을 대표하는 관광지로 자리매김한 건 시사하는 바가 크다. 레콩키스타 세력이 승리에 들떠 알람브라 궁전을 파괴했다면 인류의 유산이 사라지고, 스페인이 지금처럼 관광 대국으로 발전하지 못했을 수도 있다.

궁전에 들어서면 우선 길 양옆으로 편백나무를 인공적으로 조성한 화려한 정원에 눈에 휘둥그레진다. 이슬람 술탄들의 여름 궁전인 헤네랄리페 궁전은 가장 높은 곳에 자리해 알람브라 전체를 조망하는 데 좋다. 그래서 대개 가장 먼저 방문한다. 헤네랄리페의 심장이라 불리는 아세키아 중정은 24개의 우아한 분수가 있다. 물은 시에라네바다 산맥에서 끌어왔다고 한다. 분수를 지나면 계단을 따라 언덕으로 오르는데, 여기서 바라보는 알람브라 궁전의 모습이 일품이다.

다음은 카를로스 5세 궁전. 카를로스 5세가 이슬람 건축에 대항해 르네상스 양식으로 지었다. 겉으로 보면 사각형 건물처럼 보이지만, 안으로 들어가면 원형 중정을 에워싼 회랑이 있다. 1

카를로스 5세 궁전

층은 그리스의 도리아식 기둥, 2층은 이오니아식 기둥을 세웠다. 궁전이라기보다는 투우장 같은 모습이다. 실제로 여기서 투우가 열리기도 했다. 카를로스 5세는 기독교식 건물을 자랑스럽게 지었지만, 아이러니하게 이슬람 건물을 더욱 돋보이게 한다.

알카사바(Alcazaba)는 사각형 모양의 두꺼운 성채다. 9~13세기에 지어져 알람브라 궁전 내에서 가장 오래된 건물이다. 전성기 때는 24개 망루와 군인 숙사, 창고, 목욕탕 등을 갖추었다고 한다. 벨라의 탑(Torre de la Vela)에 오르면 시내 조망이 거침이 없다.

알카사바

알카사바에서 본 코르도나 전경

알람브라 궁전의 아름다움을 대표하는 나스라 궁전

그라나다 시내의 모든 건물들이 발 아래 있다.

나스리 궁전은 알람브라 궁전의 아름다움을 대표하는 건물이다. 대사의 방, 두 자매의 방, 사자의 궁, 분수대, 파르탈 궁전 등 그 유명한 작품들이 펼쳐진다. 대사의 방은 왕이 방문객을 만날 때 사용하는 공식 행사장이다. 천장에 이슬람교에서 말하는 우주의 일곱 하늘을 재현해놓았는데, 화려하고 섬세한 무늬에 입이 쩍 벌어진다.

말굽 모양의 아치 문양, 연속적인 반원 무늬, 글자 하나하나가 예술적으로 새겨진 코란의 구절 등 아랍과 베르베르 장인들의

대사의 방 천장

뛰어난 손재주에 탄복이 절로 난다. 사자의 궁에는 분수의 장식으로 사용한 사자의 조각상이 있다. 사자의 입에서는 물이 흐르고 있다. 분수 앞에 있는 두 자매의 방은 후궁들이 살았던 곳이다. 왕을 제외한 금남의 공간으로, '하렘'으로 부른다.

알람브라 궁전을 둘러보면서 가히 문화 충격을 받았다. 가는 곳마다 후들후들 떨리는 다리를 진정시키고 구경했다. 지금 봐도 궁전은 세련되고 이슬람의 문화적 자부심이 가득했다. 궁전은 증명하고 있었다. 이슬람 국가들이 800년 안달루시아 지방을 지배하면서 얼마나 찬란한 문명을 누리고 살았는지를. 흔히 중세 시대를 암흑기로 보는데, 이는 유럽에 국한된 시각이다. 이슬람 국가는 고도 문명의 건설하고 아름다운 인류의 유산을 남겼다.

저녁에는 술 약속이 있었다. 내가 생각해도 근사하다. 그라나다에서 술 약속이라니! 론다 알베르그 몰리노스에서 만난 한국인 여행자와 그라나다에서 술 한 잔 하기로 의기투합했었다. 그라나다는 타파스의 천국이다. 술 한 잔을 시키면 타파스 하나를 공짜로 준다.

약속 장소인 타파스 바에서 와인 한 잔 시키고 느긋하게 분위기를 만끽하는데 현지 여인이 아는 척을 한다. 누구지? 어리둥절해 쳐다보니 짐을 맡기면서 만났던 숙소 주인장이다. 주인장은 퇴근하면서 가볍게 맥주 한 잔과 타파스로 요기를 하고 있었다.

타파스 바

타파스

술 한두 잔으로 저녁을 해결할 수 있는 타파스 바의 위대함을 새삼 느꼈다.

첫 잔에 함께 나온 타파스는 미니 버거다. 귀엽다. 빈속을 채우기에 딱이다. 순식간에 다 먹고 다시 와인을 주문했다. 두 잔째는 대구 살, 오호 맛있다. 세 잔째는 포크가 나왔다. 이쯤에서 1차를 마무리하는 게 타파스에 대한 예의다. 잠시 거리를 걷다가 작은 타파스 바에 들어갔다.

여행자는 다음 여행지에 대해 고민하고 있었다. 유럽 쪽이 좋긴 하지만, 자기와 안 맞는 것 같다고 했다. 나는 모로코를 추천했다. 환상적인 사막과 친근했던 베르베르인들에게 대해 이야기해줬다. 그는 산티아고 순례길을 가보라고, 이왕이면 전 구간을 완주해보라고 했다. 나중 그의 페이스북에는 하실라비드 알리집에서 행복한 모습이 올라왔다.

네 잔째는 빵과 치즈, 다섯 잔째는 포크, 여섯 잔째는 빵과 참치, 일곱 잔째는 순대가 나왔다. 반갑다 순대. 이렇게 먹다보니 과음했다. 먹다보면 뭐가 나올지 궁금해 계속 시키게 된다. 일곱 잔을 시켰지만 똑같은 타파스는 거의 없었다. 술이 장사면 하루 10 타파스 하고 싶다. 와인 한 잔에 보통 3유로. 10잔이면 30유로다. 그 가격에 30가지 안주를 맛볼 수 있으니 얼마나 매력적인가. 아, 위대한 그라나다여!

SPAIN

코르도바
메스키타! 메스키타!

로마 다리

여행을 준비하면서 이상하게 코르도바가 땡겼다. 일정 여유가 없었지만, 코르도바에서 꼭 묵어보고 싶었다. 그라나다에서 오후 3시 기차를 타고 5시 40분쯤 코로도바역에 도착했다. 30분쯤 걸어 숙소에 이르렀다. 숙소는 메스키타 바로 옆에 잡았다. 창문 밖으로 메스키타 담벼락이 보였다. 서둘러 로마 다리와 메스키타 일대를 산책했다. 비 그친 촉촉한 거리가 어두워지는 느낌이 참 좋았다. 메스키타 정원은 늦게까지 문을 열었다. 어둠 속에서 빛나는 노란 오렌지 열매가 꽃 같았다.

코르도바는 한때 유럽에서 가장 크고 세계에서 가장 잘 사는 도시 중 하나였다. 기원은 페니키아인들이 세운 식민도시로 출발해 카르타고가 지배했고, 이어 카르타고를 멸망시킨 로마가 군림했다. 로마의 흔적은 로마 다리로 잘 남아 있다. 얼마나 튼튼하게 지었으면 아직도 사람들이 사용할까.

로마가 멸망하면서 서고트 왕국과 비잔틴 제국을 거쳐 711년부터는 느닷없이 등장해 전 세계로 팽창한 이슬람 세력이 지배했다. 756년 후기 우마이야 왕조가 수도로 삼으면서 번성했고, 우마이야 왕조가 국호를 알 안달루수(Al Andalus)라고 했으니, 안달루시아의 어원이 여기에서 나왔다.

929년 아브드 알 라흐만 3세 때가 최고의 전성기로 통한다. 당시 코르도바 인구가 약 60만이었다고 한다. 모스크 약 300개, 병원 50개, 대학 등 교육기관이 17개, 도서관이 70개, 장서 40만 권.

바그다드와 함께 최고의 이슬람 도시로 성장했다.

이슬람 국가였지만, 그리스도교인과 유대인을 포용했다. 코르도바의 유구한 역사의 문화가 집약되어 있는 곳이 메스키타(Mezquita)다. 메스키타는 스페인어로 '모스크'라는 뜻이다. 아랍어 '마스지드'에서 유래했다. 지금은 가톨릭 교회의 주교좌 성당 '코르도바 산타마리아 성당(Catedral de Santa María de Córdoba)'인데, 재밌게도 그냥 메스키타라고 부른다.

8시 30분부터 1시간쯤 메스키타를 무료로 개방한다는 말을 듣고 아침 일찍 찾았다. 기분 좋게 메스키타 안을 구경하는데 갑자기 나가라고 사람들을 급하게 쫓아낸다. 무슨 일인가 싶었는데, 모스크 한쪽에서 연기가 나고 소방차 출동하고 난리다. 하마터면 불날 뻔했다.

다행히 입장 시간에 다시 문을 열었다. 입장권을 끊었다. 감사하게도 모스크를 일부만 개조해 성당으로 바꾸었다. 메스키타는 후기 우마이야 왕조를 세운 아브드 알라흐만 1세가 바그다드의 이슬람 사원에 뒤지지 않는 규모로 785년 건설하기 시작했다. 848년, 961년, 987년에 확장해 무려 2만 5000여 명의 신자를 한꺼번에 수용할 수 있는 규모로 완성했다.

레콩키스타의 물결 속에서 페르난도 2세가 코르도바를 점령했을 때 메스키타의 일부를 허물었고, 카를로스 5세 때에는 이곳에 르네상스 양식의 예배당을 사원 중앙에 지었다. 이 정도로 멈춘 것이 고마울 뿐이다. 덕분에 그리스도교와 이슬람교도가 동

메스키타 안뜰

메스키타 열주의 숲

알카사르 정원

거하는 사원이 되었다. 돔 천정 모자이크는 비잔틴 제국에서 가져왔다고 한다.

처음 메스키타에 들어서서 수백 개의 기둥이 도열한 '열주의 숲' 앞에서 한동안 망연자실했다. 사진기를 들이댔다가 무얼 어떻게 찍어야 할지 몰랐다. 하염없이 메스키타를 거닐면서 깨달았다. 그리스 건축의 핵심인 기둥과 로마가 만든 위대한 아치를 조화롭게 이슬람이 재창조했음을. 사실 메스키타를 보고 그리스의 기둥과 로마의 아치가 얼마나 위대한 것인지 새삼 깨달았다. 메스키타에서는 그리스·로마, 아랍, 비잔틴과 고딕 양식이 어우러진다. 흘러온 역사가 예술 양식으로 새겨져 어우러지고 일그러져 드러났다. 섞인다는 건 무엇인가? 역사가 일직선으로 흐르지 않고 나선형으로 흐른다는 뜻일까. 종탑에 올라 코르도바 시내와 메스키타의 오렌지 정원을 내려다봤다.

코르도바 알카사르(Alcazar)에 들렀다. 세비야 알카사르성을 생각했으나 그보다 규모가 작았다. 이곳은 1328년 알폰소 11세가 세웠고, 페르난도 2세가 그라나다 정복 전투 때 전초기지로 이용했다. 또한 종교재판소가 설치되어 이교도(이슬람과 유대교)를 무자비하게 죽였던 광란의 중심지였고, 감옥으로 사용했다고 한다.

1486년에는 아메리카 항해를 외쳤던 콜럼버스가 자금 지원을 받기 위해 두 왕을 접견했던 곳이 코르도바 알카사르다. 알카사르의 자랑은 무데하르 양식의 정원이다. 왜 이렇게 아름다운 정원을 만들었을까? 이슬람궁전 정원의 전통이 남아 있어서 그럴까? 레콩키스타 이후 그리스도 문화의 우월성을 알리기 위해 작정하고 만들어 그럴까?

분수 옆으로 우뚝 솟은 사이프러스 나무를 배치한 '왕의 길'은 사람의 넋을 홀딱 빼놓기에 충분하다. 왕의 길 가운데에는 두 왕을 접견하는 콜럼버스의 동상이 서 있다. 파란만장한 스페인의 아메리카와 아시아 대륙 식민지 건설의 시작을 알리는 동상이다. 식민지 건설은 또 다른 레콩키스타였다. 얼마나 많은 원주민들이 죽고 그들의 고유한 문화가 말살됐던가?

알카사르성을 나와 점심을 먹기 위해 거리를 걸었다. 상가 거

알카사르 콜럼버스 동상

플라멩코 박물관에서 만난 사진. 과거 플라멩코를 즐겼던 집시들의 모습을 알 수 있다.

리에 유대인 거리(La Juderia)가 있다. 하얀 벽이 좁은 골목을 만들고 벽을 꽃으로 장식했다. 창문과 대문에 꽃이 가득했다. 망아지 광장이라 불리는 '포트로 광장(Plaza del Potro)'에 세르반테스가 묵었다는 포트로 여관이 있다고 해서 가봤는데, 여관은 못 찾고 플라멩코 박물관을 만났다. 알고보니 여관이 박물관으로 바뀌었다. 덕분에 플라멩코의 역사와 문화를 한눈에 살펴볼 수 있었다.

메스키타 담벼락에서 띄우는 편지

안개 낀 메스키타

친구야~ 여기는 코르도바야. 숙소 책상에 앉아 창밖으로 안개 가득 낀 메스키타 담벼락을 바라보며 이 글을 쓰고 있어. 와인도 미리 준비해두었지. 지중해 서쪽 여행의 마무리 장소로 코르도바를 찜했는데, 이렇게 무사히 코르도바에 도착하니 감개무량이야.

여행은 마술인 거 같아. 계획한 여행지를 하나하나 들러 결국 집으로 놀아가게 되잖아. 당연한 거 같지만, 나는 이게 신기해. 마술이 아니라면 어떻게 이게 가능하겠어. 또한 여행은 짜릿한 모험이야. 집 떠나 에둘러 집으로 가는 모험. 그리스 고전인 〈오뒷세이아〉도 오뒷세우스가 집으로 가는 화려한 모험이잖아.

그동안 다녀온 곳이 주마등처럼 흘러가. 인천에서 비행기를 3번이나 갈아타고 에든버러, 기차로 레이크 디스트릭트, 다시 기차와 버스로 하워스, 비행기로 파리, 다시 비행기로 피사, 기차로 피렌체, 비행기로 팔레르모, 기차와 버스로 체팔루·아그리젠토·시라쿠사, 비행기로 튀니지 제르바, 버스로 타타윈·마트마타·튀니스, 비행기로 모로코 카사블랑카, 기차로 마라케시, 버스로 하실라비드, 택시 대절해 페스, 비행기로 스페인 세비야, 기차로 론다, 기차로 그라나다, 기차로 코르도바……. 영국에서 시작해 프랑스, 이탈리아, 튀니지, 모로코, 스페인까지 지중해 서쪽을 시계 방향으로 한 바퀴 돌았네. 여행 한번 진하게 했다.

지중해 서쪽 여행이 마무리되면, 동쪽으로 떠날 거야. 코스도 이미 짜놨어. 출발점은 베네치아야. 예전 베네치아 상인들이 그랬던 것처럼 배를 타고 크로아티아로 갈 거야. 보스니아−헤르체고비나, 몬테네그로, 알바니아, 마케도니아, 그리스 등 발칸반도의 여러 나라를 둘러보고, 가능하면 그리스의 여러 섬도 가봤으면 좋겠다. 그리고 터키 이스탄불을 거쳐 이집트까지 갈 거야. 생각만 해도 황홀하네. 여행을 준비하는 시간은 여행만큼이나 행복해.

잠시 침대에 누웠다가 다시 책상에 앉았어. 와인병의 수위는 빠르게 줄어들고 있어. 지금 메스키타 미나렛에서 덩덩 종소리가 맑게 울려. 안개는 더욱 짙어져 메스키타를 집어삼키고 있어. 이제 저 안개는 내 방까지 밀려와 나를 지워버릴 거야. 사라지기 전에 인사를 나눌게. 친구야 안녕. 네가 종종 날 떠올려준 거 알아. 길에서, 버스 안에서, 사막에서, 식당에서, 가로등 아래서……. 어디에서든 함께 여행하는 거 같았어.

함께 읽으면 좋은 책과 영화

책
〈무지개〉, 워즈워스, 민음사
〈폭풍의 언덕〉, 에밀리 브론테, 민음사
〈파리는 날마다 축제〉, 헤밍웨이, 이숲
〈헤밍웨이를 따라 파리를 걷다〉, 김윤주, 이숲
〈지중해 오딧세이아〉, 로버트 카플란, 민음사
〈비아 로마〉, 빌레메인 판 데이크, 마인드큐브
〈지금 이 순간 튀니지〉, 권기정, 상상출판
〈로마인 이야기〉, 시오노 나나미, 한길사
〈그리스인 이야기〉, 시오노 나나미, 한길사
〈로마 멸망 이후의 지중해 세계〉, 시오노 나나미, 한길사
〈바다의 도시 이야기〉, 시오노 나나미, 한길사

영화
〈미드나잇 인 파리〉, 우디 앨런
영화 〈스타워즈〉 시리즈

푸르고 관능적인

지중해 인문 여행

유럽·북아프리카 역사와 예술의 현장

지은이 | 진우석

펴낸곳 | 마인드큐브
펴낸이 | 이상용
책임편집 | 김인수
디자인 | SNAcommunications(서경아, 남선미)

출판등록 | 제2018-000063호
이메일 | viewpoint300@naver.com
전화 | 031-945-8046
팩스 | 031-945-8047

초판 1쇄 발행 | 2021년 9월 6일
ISBN | 979-11-88434-50-3 03900

• 잘못 만들어진 책은 바꾸어 드립니다.
• 이 책은 저작권법에 따라 보호받는 저작물이므로 무단전재와 무단복재를 금합니다.
• 이 책의 일부 또는 전부를 이용하려면 반드시 저자와 마인드큐브의 동의를 받아야 합니다.
• 이 도서는 한국출판문화산업진흥원의 '2021년 우수출판콘텐츠 제작 지원' 사업 선정작입니다.